あまねく届け！　光

～ 見えない・見えにくいあなたに贈る ～ 31のメッセージ

著者：視覚障害者就労相談人材バンク有志

編者：吉川典雄・石川佳子・小林由紀・
　　　岡田太丞

読書日和

故・岡田弥さんに捧ぐ

あまねく届け！ 光

～ 見えない・見えにくいあなたに贈る ～
31のメッセージ

目次

目次

第3章　就労継続
〜見えない・見えにくくなっても同じ職場で仕事を続ける〜

まえがき

　視覚障害者就労相談人材バンク。この組織構想は、長い間私の中で思い描いてきたものでした。漠然とした構想が形をなす引き金となったのは2016年のことでした。当時、私は神戸の公益社団法人NEXT VISION（以下、NEXT VISION）から視覚障害者就労の件で相談を受け、社会福祉法人日本視覚障害者団体連合（以下、日視連）との引き合わせを提案したのです。NEXT VISIONは新しい未来型の組織、日視連は日本の視覚障害者活動において伝統的な組織です。革新と保守とも言える両組織を引き合わせ、その協力体制を図ることは、幕末維新でいう薩長連合のようなものでした。結果、両組織は視覚障害者の就労分野で協力する運びとなり、私は日視連の就労相談員（西日本担当）を委嘱されることとなりました。ここで私は、長年抱えていたある思いと向き合うことになったのです。

視覚障害者の就労相談と一口に言っても、その相談内容は多岐にわたります。私は民間銀行に勤務する一会社員に過ぎません。例えば「目が見えなくなったので会社を辞めて盲学校で勉強し、ヘルスキーパーを目指したい」「今は製造業の経理課で仕事をしているが、最近見えにくくなってきた。これからどのように仕事をしたらよいのか」といった相談があったとします。その相談者に銀行員としての私の経験をお話ししても、全く無駄とは言わないまでも、相談者にとってのストライクな内容には至りません。視覚障害者になって約17年、銀行に復職して約12年。復職後、個人的に就労相談を受けたことも幾度かありましたが、その度に「このような自分の話で良いのだろうか？」ともやもやとした胸のつかえを感じていました。話や悩みを聞いてもらえるだけで十分という相談者もおられますが、中には、もっと突っ込んだ就労事例について具体的に聞きたいと希望する方もおられます。ですが、自分が経験

していないことや知らないことを知っているとは言えません。経験者の話に勝るものはない、相談者にとってストライクな出会いを提供することはできないだろうか。

　NEXT VISION との協力の下に日視連の就労相談員を委嘱された以上、自身の経験だけを土台にした従来通りの就労相談では不十分。それが、私なりに出した答えでした。前述の「ヘルスキーパーを目指したい」という相談者には、実際に盲学校で勉強し、現在ヘルスキーパーとして勤務されている方の話を、また製造業の経理課で勤務されているという相談者には、製造業の経理課が適わずとも経理課での勤務経験のある方の話を聞いてもらいたい。そう思うようになったのです。これを具体化するためには、相談者のニーズに応じた経験者をお引き合わせする人材マッチングが最適ではないか。そして人材マッチングの実現には、一人でも多くの就労している、あるいはしていた視覚障害者のネットワークを構築す

ることが肝要ではないか。その考えに至った時、同時に「視覚障害者就労相談人材バンク」というネーミングが私の頭にビシッと突き刺さりました。私の中の構想が、実現へと動き出した瞬間でした。

　そこで2017年7月、私はまず、関西で就労されている複数の視覚障害者と連絡を取り、視覚障害者就労相談人材バンク（以下、就労相談人材バンク）構想を説明の上、マッチングを含めた協力を依頼しました。この構想の説明のために、多くの方々と土日に面談を重ねました。ほとんどの皆さんは休日にもかかわらず足を運んでくださり、面談の最後には「自分の経験が誰かの役に立つなら喜んでお手伝いさせていただきます」と言ってくれました。

　現在、私と一緒に就労相談を担っていただいている赤堀浩敬氏のネットワークのおかげで、90名近い方々が志を共にする仲間として就労相談人材バンクに登録してくれています。ほとんどのメンバーが関西在住、関西勤務ですが、一部、活動主旨に賛同

いただいた関西以外の方にも登録いただいています。

　これまでの活動内容としては、視覚障害者の就労相談の現場において、業種・業務内容に鑑みたマッチングによる相談を、希望に応じて行っています。それぞれの分野の経験者のお話には説得力があり、「具体的な話を聞けて本当に役に立った」「今後の道筋が見えた」等、相談者から満足の声を多数いただいています。

　また赤堀氏と共に、2018年には日視連ならびにNEXT VISIONと、さらに翌2019年には地元の社会福祉法人兵庫県視覚障害者福祉協会とも手を携え、神戸アイセンター内ビジョンパークにて就労フォーラムを実施しました。このフォーラムでは、具体的な就労事例や就職活動の体験談を、就労人材バンクメンバーに語っていただきました。両年とも、フォーラムの会場には関西のみならず全国から定員をはるかに超える方々にお集まりいただき、視覚障害者就労への関心の高まりを感じました。

目が見えなくなった時、目の疾患を告げられた時、見ることに困難を感じた時、これからどの方向に進めばよいのかという不安に駆られます。私もそうでした。想像してみてください。それは真っ暗な中、突然海に放り出されたような状況です。四方八方どこを見ても真っ暗で、泳ぐべき方向が分からないのです。そんな時に光を放つ灯台があればどうでしょう。その光に向かって泳げば助かるんじゃないか、そう思えないでしょうか。私はこの光によって救われました。その恩返しの意味を込めて、今も就労について悩みを抱える仲間のための灯台の光となれるよう、同じ志を持つメンバーと共に、今後も就労相談人材バンクの活動を継続していきます。会のロゴにもそうした思いを反映させました。

　書籍化については、同志であるメンバーの吉川典雄氏がプロジェクトリーダーとして、就労相談人材バンクメンバーにお声

視覚障害者
就労相談人材バンク

がけいただきました。本書ではその吉川氏を中心に31名のメンバーが手記として、社会に、企業に、そして悩める仲間に、自身の経験とともに貴重なメッセージを投げかけてくれています。数多くのヒントが記載されている本書が、就労に悩んでおられる当事者はもとより、ご家族、企業担当者、関連機関等の方々にとっても、進むべき方向を見出す一助となれば幸いです。お一人でも多くの方の目に留まること、耳に留まることを願っております。

2021年1月

　　　　　視覚障害者就労相談人材バンク

　　　　　　共同代表　岡田　太丞

第1章　就職

～見えない・見えにくいなかで仕事に就く～

奮闘の就活から 20 年、見えにくさに価値を見出して

佐次　和美

　2001 年春、私は大学の新卒採用で現在の会社に入社しました。視覚障害者としての採用でした。

　視力が突然低下したのは小学校 2 年生の時でした。病名の診断がなかなかつかず病院通いの日々だったため、2 年生の授業はまともに受けることができませんでした。その後は学校側の理解と配慮、そして母親との二人三脚のおかげで小・中・高校・大学と普通校に通うことができました。障害の程度は今より軽かったとはいえ、ルーペを使いながら普通校の勉強についていくのは楽なことではありませんでした。でもそうやって健常者の中で自分だけが見えにくいという環境で育ってきたことが、社会を生き抜く現在の私のベースになっているのかもしれません。

入社当時の見え方は、ルーペでの文字の読み書き
が何とかできるぐらいでした。両眼ともに中心視野
欠損がありましたが気になるほどではなく、歩くこ
とにも支障ありませんでした。現在の視力は両眼と
もに 0.01 程度で、文字はルーペでも辛うじて見え
ますが、長文になると読めません。視野の中心部の
見えにくさが増し、歩行時も注意が必要になってき
ました。眩しさを強く感じるため明るいところは苦
手です。

　そんな見えにくさを補うため、仕事は画面拡大
ソフト、画面音声化ソフト、拡大読書器を併用して
行っています。使用する機器は入社当初も現在も変
わっていませんが、今は「聞く」を優先し「見る」
を補助的に使っています。パソコン操作での文字の
読み取りは音声で、画面のレイアウトは拡大画面で
という感じで「聞く」と「見る」のバランスを取り
ながら業務を行っています。パソコンの音声操作は、

個人講習を受けてスキルアップを重ねています。関西には受講できる場がないため東京まで行っていますが、一般社員の研修と同様、出張扱いで受講できています。こうして見えにくくなりながらも就労を継続し、もうすぐ入社から20年が経とうとしています。

　1999年、冬。大学3年生の私に就職活動の時期がやってきました。私は民間企業志望で、目標とする業種がありました。21歳で障害者手帳を取得しましたので、障害者採用枠で就職活動を開始するという選択もあったのですが、そちらが始まるのはかなり遅い時期でした。そこにターゲットを合わせていては出遅れる。そう思った私は、一般の学生と共に就職活動をスタートさせたのです。合同企業説明会に足を運び、採用担当者に視覚障害があることを伝え、採用試験を受けさせてほしいと交渉する日々でした。当時、障害者の社会参画への理解がまだま

だ乏しい時代でした。視覚障害者が一般の合同企業説明会に来るなんて、採用担当者も驚いたと思います。採用試験を受けさせてくれた企業もありましたが、「弊社では対応できません」とその場で断られることも少なくありませんでした。多くの採用担当者と話す中で課題に感じたことは、短い面談時間の中でいかに視覚障害を理解してもらえるかということでした。試行錯誤の末にたどり着いたのは、履歴書にA4の紙を1枚添えることでした。そこには、視覚障害の状況と「できること」「できないこと」を簡潔にまとめて書きました。できることには、身のまわりのこと、通勤など当たり前のことも書きました。できないことには、車の運転や裸眼での文字の読み書きなどを書き、拡大読書器やルーペ、パソコンには画面拡大ソフトや画面音声化ソフトを使えば問題をクリアできることも添えました。このツールを用いると、障害特性と必要な配慮が伝えられると

同時に、パソコンが使える、書類も作成できるということも瞬時に提示できます。これが効果絶大でした。必ずその場で目を通してくださり、「これはご自身で作られましたか」「何分ぐらいで作れますか」とどの採用担当者からも聞かれました。そうこうしているうちに障害者採用枠の活動も始まり、東京、名古屋、大阪での新卒の障害者採用の合同企業説明会へも足を運びました。初めて障害者枠の合同企業説明会に行った時、今まで参加してきた会場とのあまりの雰囲気の違いに衝撃を受けました。それまでの張り詰めた空気感が障害者枠の会場にはまるで感じられず、その落差に愕然としたのを覚えています。私は今まで通りのピリッとした雰囲気で面談に臨み、場数を踏んでいることから採用担当者と話すことにも慣れていました。前述の履歴書に紙を添えたものを提出すると、面白いぐらいに「すぐに採用試験を受けにきてほしい」という反応を得ることがで

きました。最終面談時にはパソコンを持参しました。当時、モバイルパソコンはまだ高価なものでしたが、就職活動のために購入し、画面拡大ソフトや画面音声化ソフトを実際に見てもらいました。「普通のパソコンなんですね」とどの面接官の方も驚き、そして安心されるのでした。こうして、就職氷河期と呼ばれた時代ではありましたが、6社から内定をいただくことができました。すべて視覚障害者を雇用したことがない企業です。内定をいただいた採用担当者から共通して言われたのが「視覚障害者を雇用したことがないので、正直なところこちらとしてもあなたがどこまで仕事ができるのか不安ですが、あなたとならやっていける気がしました」ということです。熱意と諦めない姿勢を認めていただけたことが嬉しかったです。

　私の就職活動から随分時間が経過した今、障害者を取り巻く状況も変わりましたが、重度の視覚障害

者にはまだまだ就労の機会が開かれていないと感じます。しかし、その道もきっと切り開いていける時代であると思います。

　このように奮闘の就活を経て、不安と期待いっぱいで入社した会社ですが、当時はこんなにも長く働き続けられるとは思いもしていませんでした。最初の配属先は猛烈に忙しい部署で、新人の私もかなりの業務量をこなしていました。そこでは視覚障害者だからという遠慮は一切なく、先輩からは「見えにくいことでできないことは、どう工夫したらできるかを考えろ」と叩き込まれました。この人との出会いと愛のある指導により、私のビジネスパーソンとしてのベースが作られました。入社時の業務はマーケティングの分析資料作成、商品カタログや折込広告の企画・校正、ノベルティ製作の社内外での打ち合わせなどで、その多くはデザインに関わるものでした。取引先の方には目が見えにくいことは特に知

らせず、打ち合わせの会話の中でデザインのコンセプトやイメージを相手から引き出し、見えづらい色味があることや全体を見るのに時間がかかることを補う工夫をしていました。一般の社員と同様に異動があるので、それに伴い業務内容も変わります。現在は新しい事業企画の部門で情報の収集・発信に関わる業務を行っています。

　入社後の私は、健常者には負けないとの思いでがむしゃらに頑張っていました。入社してから10年余りが経ったある日、自分がちっぽけなものさしと戦っていることに気づきました。それから時を経て、今は後輩や同僚のサポートの手と目をうまく借りながら、効率の良さを意識して仕事をしています。見てもらったほうが早いものに関しては、一人で抱え込んで無駄に時間を使わないことにしています。でも、あの頃のがむしゃらな頑張りがあったからこそ、今の自分があります。ハード・ソフト両方の面から

自分が求める環境で働くには、自分自身が組織にとって求められる人材であり続けられるかどうかだと思います。そのためには、まず社会やニーズの変化に対応できるスキルや知識を身につけていかなければなりません。その習得には、健常者の数倍の労力がかかります。しかし、スキルの無さを「見えにくいから」という言葉に置き換えないように心がけています。逆に見えにくいからこそ、見えにくいならではの価値をたくさん見出せたら素敵だと思います。

　２年ほど前から、「見えにくさ」を業務に活かせないかと考えるようになりました。そんな中、アクセシブルデザイン（共用品）の取組みやインクルージョン（一人ひとりが活躍）を推進する組織での業務の話をいただきました。見えにくいからこその気づきを、新しいビジネスのきっかけづくりや建築デザイン、会社の制度設計等に関わる業務の中で活か

せたらとの思いで、これから始まる新たな挑戦に期待を寄せています。

　自ら能動的に発信することが周りの理解へつながります。見えにくいことで業務がうまくいかず、しんどい気持ちになることもありますが、自分には会社で果たすべき役割があること、同僚も快くサポートしてくれながら認めてくれていることが、今の私の支えとなっています。この思いを心に刻み、自分に与えられた環境に感謝し、見えにくい私の歩む一歩一歩がバリアバリュー（障害を価値に変えること）の実践となるよう、日々の歩を進めてまいります。

佐次　和美（さじ　かずみ）

1977 年　京都生まれ
1998 年　身体障害者手帳 1 種 2 級取得
2001 年　新卒採用で現在の建築メーカー入社
　　　　展示場の販売促進の業務等を経て新規ビジネス企画の業務に従事

2020 年　人事部インクルージョン推進室兼務
プライベートでは、HOTPOT の会、視覚障害者就労相談人材
バンクにて事務局スタッフとして活動しています。

理解を深める基礎知識①
「歩行訓練」
「歩行訓練士」って？

「見えなくなったら外出できなくなる」そんな不
安を抱えておられる方も多いと思います。確かに
目を使わずに歩くのは容易なことではありませ
んが、実際には大勢の視覚障害者が、白杖で周囲
の様子を探り、足下の安全を確かめながら一人で
通勤しています。そうした歩行の指導をしてくれ
るスペシャリストが歩行訓練士です。歩行訓練で
は白杖の使い方、バスや電車の乗り方、自宅や勤
務先周辺を歩く際の工夫等、実生活に即した訓練
を受けることができます。

02

夢明人（むめいじん）の赤裸々トーク
～点字で人と人をつなぐ架け橋を目指して～

濱﨑　雄三

　私は点字図書館の職員として勤務しています。就労相談人材バンクには素敵な人柄と豊富な経験をお持ちの先輩が大勢いらっしゃいます。そんな中で30代に入ったばかりの自分に何が伝えられるのかと考えた時、「平成生まれ、先天性の全盲、点字使用者」という少数派の組み合わせに行き当たりました。今回はそんな私の生い立ち、苦闘の就職活動、誇りを持っている仕事についてお話しします。

　私は二卵性双生児として大阪府吹田市で生まれました。生後半年を過ぎた頃、1万5千人に1人が発症する小児がんの一種「網膜芽細胞腫」と診断され、両眼を摘出しました。見えていた頃の記憶はなく、明暗もわからない全盲となって今日に至っています。

両親の「少しでもにぎやかな場で、我が子に点字と単独歩行を基礎から身につけさせたい」との思いから、3歳で堺市へ転居し、大阪府立盲学校（現：大阪南視覚支援学校）で中学卒業までの12年間を過ごしました。リトミックを筆頭に、ピアノ、スイミング、ギター、英語、パソコン、ドラムと、たくさんの習い事をさせてもらいました。後にライフワークとなる歌や楽器演奏、喘息（ぜんそく）を克服してついた体力、各種検定試験への挑戦はすべてが今に活きる財産です。1年ともたずに挫折してしまったものもありますが、どれも好奇心をくすぐられるものばかりでした。

　小学5年から始めたボランティア活動と高校での地域校進学が、私の生き方を大きく変えました。それまで誰かに手伝ってもらうことの多かった私に、ボランティア活動で人のために行動することの大切さを体験してみようと勧めてくれたのは、保育士や

ヘルパーをしていた母でした。そうして地元の祭り
に参加し、店番や呼び込み、チラシ配り、暗算での
おつり計算をしたのが始まりでした。自分の居場所
を見つけ、たくさんの方と対話し、できることを増
やしていく喜びは、今も新天地に身を置くときの貴
重な指針となっています。中学校への進学時は、双
子の姉と同じ地元校へ入学を希望しましたが門前払
いに遭いました。そのため高校へは点字受験で地域
校へという迷わぬ決断を、両親も全力で後押しして
くれました。

　転居して進学した高校での１年目は「異文化の
壁」を越えていくことが必要でした。そのためには
まず、どんなことで困るか、どのように助けてほし
いかをうまく伝えられず、見えないことを理由に踏
み出せない自分を越えなければと思いました。40
人クラスでの、黒板を使った授業に戸惑いながらも、
パソコンと点字電子手帳（ピンディスプレイ）で読

みやすいノート作りのコツをつかみました。友達や先生の声を覚え、教室移動にも少しずつ慣れていきました。軽音楽部ではさまざまな「使える」リズムパターンを教わって、ドラムの上達を目指しました。文化祭でDJに挑戦したり、体育祭では大縄跳びやムカデ競争、応援団へも果敢に参加。3泊4日の修学旅行では、当番制でクラスメイト全員がサポートしてくれました。15歳で飛び込んだ未知の世界で、見えている仲間たちとどうすれば距離を縮められるかを、悩みながら追求した日々がありました。人に恵まれ、1日も休まず高校生活を駆け抜けました。スリル満点で答えを探す奥深い「この経験」が、その後の人生の礎を築いてくれました。

　大学では健康心理学を専攻し、ゼミでクリティカルシンキングという興味深い学問と出会いました。日本語では「批判的思考」と訳されますが、決して他者を否定するものではありません。あるテーマを

議論する際に目的が何かを意識し、思考にはクセがあることを前提に考えながら物事の本質を問い続ける大切さを学ぶことができました。大学祭の実行委員として、電話やメールで見積もりを取り、パンフレットの印刷業者を選定したり、学内放送も担当しました。視覚障害学生やOB、大学の点訳サークルに所属する学生が集う団体「関西SL」では、学習・交流を深める企画を立て、行事運営の難しさを知りました。シンガポールへの海外研修では、現地の大学や商社の訪問で刺激を受け、鉄道、食事、言葉の違いを大いに味わいました。

　就職活動を開始したのは大学3年の夏頃でした。就活の中心は、障害者求人の合同面談会と公務員試験です。「どんな仕事に就きたいのか」のイメージがぼんやりとしたまま手当たり次第に足を運びましたが、重度障害に該当する私はあっさりとはじき出されました。多くの企業の人事担当者や面接官は弱視

を想定しており、全盲で働く公務員もまだまだ少ないのが現状です。「活字が肉眼で読めなければ面談不可」「筆記試験やグループワークからの除外」「機器を買いそろえる費用がない」「見えなくてできる仕事があるかわからない」などの返答が続きました。そのたびに初歩的なことから何十回と説明・提案を繰り返す労苦は、落胆を隠して笑顔で返答する心身への負担となって重くのしかかりました。主催者への要望書、パソコンの持ち込み、仕事場面でのQ&A作成など、思いつくことを行動に移しても空回りが続き、自力では読めない不採用の書類といらだつ気持ちをシュレッダーに押し込む日々でした。結果を欲しがるあまり、周囲から「謙虚さが足りない」と忠告されることもありましたが、伝え方の工夫を積み、耐え忍ぶ経験を重ねた時期も無駄ではなかったと思っています。

　じっとしていられない性格の私は大学4年の夏、

東京でのインターンシップに応募し、卒業論文を書き終えてからはアルバイトで点字図書の校正に携わりました。就活からいったん離れたことでよどんだ気持ちを一新し、大学卒業後は大阪で1年間の職業訓練を受けることにしました。社会に出る仲間に後れを取りたくないと、Word、Excel、PowerPointの操作法や電話応対、ビジネス会計などを学びました。

　縁あって2013年の春、点字製作担当として点字図書館に入職しました。初年度の非常勤契約を経て、現在は週5日の勤務です。点字図書館は視覚障害者情報提供施設の一つで、利用者に対して、ボランティアの皆さんが手がけた図書や雑誌の貸し出し、依頼資料の製作、対面朗読、機器の講習などを行っています。各都道府県の点字図書館は「サピエ」と呼ばれるインターネット上の図書館で結ばれており、利用者は図書データをダウンロードして読書を楽し

むこともできます。

　私の主な担当業務は、利用者とボランティアの仲介、点字資料の校正、点字図書製作の付随作業、講習会等での講師の四つに分かれます。

　点訳では150名を超えるボランティアが活動してくださっています。私はボランティアと利用者の間に立つ窓口を担っており、毎週、ボランティアから寄せられる点訳に関する質問にお答えしています。指で読む点字には独自のレイアウトや言葉を区切って書く「分かち書き」の規則、図表やグラフの処理、イラストや漫画の扱い、誤字脱字を修正するか否かまで、判断すべき事柄が多くあります。声をかけてもらいやすい雰囲気づくりと、どうしてその結論に至ったのかを添えてお伝えすることを心がけています。利用者からは議案書や参考書、取扱説明書、時刻表や楽譜など多様な点訳依頼を受けています。年間を通してほぼ途切れることなく依頼があり、日々

さまざまな情報が求められていることを実感します。点訳とは別に、パソコンで作成された点字データの打ち出しも行っています。中途失明の方が増え、点字離れがささやかれていますが、当事者のみならず支援者の方などにも広く活用いただいています。電話では固有名詞や番号の聞き間違いで冷や汗をかいた経験から、腕と顎で受話器を固定し、用件を聞きながら両手でピンディスプレイを操作しています。メールでは文字入力の時間を短縮すべく、タイプミスや指の動きの少ない6点入力をフル活用し、送受信メールは振り分け機能で整理しています。

　校正作業では図書室で発行する毎月の新刊案内や毎年の目録のほか、完成を急ぐ雑誌、一部の点字図書や依頼点訳の資料の確認も行います。他の職員とペアで読み手と聞き手を交代しながら行う方法と、一人で合成音声を聞きながらピンディスプレイで点字を読む方法があります。それぞれを柔軟に使い

分け、疑問が生じた場合には原稿の表記を尋ねたり、専門書と照らし合わせる手順を踏みます。点字以外にも、点図で物の形や地図、グラフなどを表す際には、理解しやすいかを触れて確かめ、改良を依頼することもあります。

　点字図書製作の付随作業には、地味ながら重要な仕事が並びます。点訳を依頼する図書の選定、貸出図書に貼る点字シールの打ち出し、点字図書にはさむ奥付作成、点訳実績や明細のデータ入力、点字プリンタや裁断機の操作、ファイル・紐・ホッチキスでの各種製本などです。製作する図書の多くはホームページで情報収集し、タイトルや内容を手がかりに選ぶので、予想外の官能小説を引き当てて苦笑いしたこともありました。また、入職当初に同僚の協力を得て、紙の書類を Excel や Word のデータで管理できるよう見直しました。入力用の元ネタをコピー・アレンジすることで、自力でこなせる仕事の

幅が広がります。他の使用器具として、ハサミより安全なスライドカッターを見つけ出し、電動ホッチキスを取り入れるなど、使えそうな文具で時短を図っています。

　点字図書館では毎年、点訳・音訳・テキストデイジー（電子書籍）のボランティアを養成しており、講習会では視覚障害理解の講話や読書の機器紹介を行っています。近隣の学校に講師として招かれると、点字体験や講演に熱が入ります。点字体験では子供たちに自分の名前を書いてもらうことが多く、名前と声から判断して男の子と女の子を間違うハプニングもありますが、楽しく取り組んでくれるのが嬉しいです。「眠い講演はしない」をモットーに、失敗談も笑いに変えて、どれだけのことを持ち帰ってもらえるかが一発勝負の醍醐味です。マグネットで点字を説明、手引き（ガイド）の体験、パソコンやスマートフォンの操作実演、質疑応答、条件さえ許せば歌

や楽器演奏を盛り込むなど、いくつかの組み合わせで実りあるひとときを目指し、探求を続けています。また、趣味との連動で、新刊案内では毎月400字程度の短いコラムも書いています。手に取って使ってみたグッズや、自ら出向いて体験したことを発信し、「なんだか面白い」を届けることを意識しています。

　社会人として10年にも満たない若輩者ですが、ここまで仕事を続けてこられたのは、自身を頼りにしてもらえる環境、誰かの役に立てるやりがい、職場内外で尊敬する人生の先輩方が支えてくださるおかげと感謝しています。入職1年目にご一緒した大先輩からの「これからの時代は点字以外の能力も求められる」「点訳は人にしか務まらない」という言葉は私の胸に刻まれ、年々重みを増して響く教えです。次代を生き抜くためにはパソコンなどのIT機器を使いこなし、点字以外の能力も伸ばしていくことが大切である。そして点訳は「人」にしか務まら

ないからこそ、議論を恐れずコミュニケーションを
おろそかにしないことを自らに言い聞かせています。
点字図書館は全国に 80 か所以上ありますが、すべ
ての点字図書館に視覚障害職員が配置されているわ
けではありません。今後、利用者やお世話になって
いるボランティアの皆さんに「当事者職員がいて良
かった」と感じていただけるよう、精進を重ねます。
そして、夢や目標を持ち、明るく貪欲に生きる「夢
明人」の戦友とたくさん出会えることも楽しみにし
ています。

濱﨑　雄三（はまさき　ゆうぞう）

1990 年　大阪府吹田市生まれ
視覚障害 1 級
2013 年　点字図書館に入職
現在、点字製作等に従事

自ら伝えることの大切さ
仕事、そして活動へ

川平　ふみ

　私は先天性の網膜色素変性症で、現在は視覚障害
1級です。両目とも光は感じますが、視力は数値で
は表せず、目の前で指を上下左右に動かすとわずか
に動きを感じる程度です。視野は左右とも真ん中に
ほんの少し残っている状態です。最初は視力、視野
ともに結構あったので、専門学校まで普通校に通い
ました。医療秘書の専門学校では医療事務、簿記、
ワープロなどを学びましたが、就職先が決まらない
まま卒業……。学校からの主な実習先である病院の
受付では、窓口に電気スタンドを置くことに前例が
なかったり、忙しい医療現場のスピードについてい
けなかったり。受付以外でもいくつか実習には行っ
たものの、学んだ医療事務や簿記などを活かすこと

ができませんでした。

　自信をなくし、しばらくは何もせずに過ごしていた私ですが、家族の勧めから、再び就職先を探そうと思えるようになりました。そこでハローワークに行くと、相談員の方に、まず身体障害者手帳の取得を勧められました。それまでも定期的に眼科へは通っていましたが、手帳は取得せず、自身の病気について詳しく調べることもなく、同じ病気の方とのつながりもなく過ごしていた私は、就職のためにもとすぐに手帳の申請を行いました。ほどなく事務関係の募集の紹介をいただき、早速、面接を受けることになりました。そこは商社の本社ということもあり、緊張しながら面接に向かいました。募集要項には、ワープロでの原稿入力が主な仕事内容となっていたため、当時、私の必須ツールだったルーペを片手に、面接官の前でワープロを使って短い文章を入力したのを覚えています。結果は、ありがたくも1

社目で無事に合格。1か月弱の試用期間を経て本採用となった頃、申請していた手帳の交付も受けました。この時の等級は5級でした。

　当時はまだ手書き作業も多かったのですが、入社してすぐに電気スタンドを用意していただき、手元を照らすスタンドとルーペで業務をこなしました。学生時代のアルバイト経験もほぼない状態で社会人となった私は、至らない点だらけだったと思います。会社に届いたお中元のお礼状を送り主ではなく販売店へ出してしまったり、備品の発注数を間違えたり、ほかにもいろいろ……。先輩や上司はそんな私を温かく見守ってくださり、とてもありがたく思っています。

　やがてワープロからパソコンへ移行する時期が来て、職場にも2台のパソコンが設置されました。私はその触ったこともない四角い箱（当時はパソコンもテレビも奥行きがあったのです）に近づこうとも

しませんでしたが、直属の上司の配慮で１台のパソ
コンに画面拡大ソフトが導入されました。これを機
に、後輩にエクセルを一から、いえゼロから教えて
もらいながら、日々の業務に取り入れていきました。
独学では限界があるのできちんとパソコン操作を学
びたいと思い、私は自分でも講習会などを探してみ
ました。ですが、その頃の私は当事者同士のつなが
りもなく、今でいう「情報難民」でした。情報にた
どり着くことはとても難しく、ようやく見つけた講
習も平日開催で参加できず、満足のいくスキルには
ほど遠い日々でした。

　そのうちパソコンが一人一台の時代となり、手書
きの支払伝票もシステム化され、画面を見る時間が
多くなっていきました。入社して１０年目前後から
視力が低下し始め、視野も狭くなり、よく物にぶつ
かるようになりました。身体障害者手帳が２級と
なった頃、当時の上司から、文字を大きく映す機器

があると、デスクに拡大読書器を設置していただきました。それまで、ルーペもいくつかの種類を準備していただいていましたが、拡大読書器はとても見やすく、色を反転するとより見えやすいという自分の目の状態も、その時に自覚しました。

　これまで何年かに一度は直属の上司が代わり、中には厳しい上司もいました。でも、より仕事がしやすい環境で働けるよう、パソコンの画面読み上げソフトの導入を勧めてくれたのは、その厳しい上司でした。私はそれがどんなものなのか知らなかったのですが、実際に触って試せる日本ライトハウスへも同行していただき、確かめることができました。この上司のおかげで読み上げソフトが導入され、ほぼ現状の職場環境が整い、働きやすい環境の下で就労を継続することができています。

　また、数年前から同じ病気の方々とのつながりを持つようになったのですが、その中で、就職活動や

日頃の仕事上の苦労をいろいろ聞くことがあります。そんな時いつも、自分は働きやすい環境で協力的な上司や同僚に恵まれていることに気づかされます。視覚障害者就労相談人材バンクの話を聞いた時には、こんな私の経験が誰かの役に立つのか疑問もありましたが、今では事務局の一員として活動しています。就労について悩んでいた方が、就労相談人材バンクのマッチング制度を通して、新たな働き方の大きなヒントを得られたことがありました。マッチングによる面談、そこには実際に経験された方ならではの生きた話があり、相談者に大きな力を与えられる。そのことを身近に感じ、私自身はまだマッチング依頼を受けた経験はありませんが、自分のちょっとした仕事上の経験の積み重ねが、悩める仲間の役に立つこともあるのでは、そう思えるようになってきています。また、先輩方の指導の下、任意団体の運営についても、いろいろと学ばせてもらっ

ています。このような会社とは別の経験は、私の人生のスパイスのひとつとして、良い意味で刺激を与えてくれています。この活動やそこでの出会いを通して、仕事に対する姿勢にも少しずつ前向きな変化を感じられるようになってきています。

　恵まれた環境で働いている私ですが、日々の中でしんどいなと思うこともあり、工夫も必要です。伝票発行業務では請求書の数字の読み取りに間違いがないよう、確認には人の倍以上の時間がかかります。周囲の人が着席しているか離席しているかがわからないので、電話の取次ぎ時はお待たせしないよう気を遣います。PDF文書での情報共有が増えているので、OCRを使ったりWordに変換したりと読むために試行錯誤しますが、すべての情報が読み取れていない時もあります。コピー機のエラーメッセージもわからずあちこち触りまくって時間がかかります。そんな時は、困っていることを周りに伝えて助けて

もらわなくてはいけません。今まで助けとなったこと、そして困っていることを、周囲に、社会に「自ら伝えること」が、これからの私に必要なのではないかと感じています。

　こうして働き続けることが、将来の視覚障害者の就労環境の改善につながっていってほしいと願いながら、これからも歩いていきます。働く私であること、それを伝えること、その両方を大切に。

　もし私の就労経験が何かのメッセージになって届きましたら幸いです。

川平　ふみ（かわひら　ふみ）

大阪府生まれ
1994 年 8 月　専門商社の総務部へ就職
同時期に身体障害者手帳 5 級を取得
2019 年 2 月に 1 級認定となる
2020 年 6 月現在、同勤務先、同部署にて就労中

挨拶から始まる私の仕事

辻本　裕子

　「おはようございます」と、笑顔で明るく挨拶することから私の仕事は始まります。企業を代表する声の窓口、電話交換手をしています。メンバーは4人。私以外は健常者の方です。

　1999年春に入社。その頃はまだ大きめの活字は見えていたので、入社後すぐに購入していただいた拡大読書器を通して資料を見ていました。交換室の方や総務の方々のご協力とご配慮のおかげで、気持ちよく働かせていただきました。就職して2ヶ月後に結婚。まだ仕事にも慣れていない状態でしたが、皆さんに祝福していただき、とても嬉しかったことを記憶しています。2002年に妊娠を機に退職し、2人の子供に恵まれました。働くことが好きで、社会

ともつながっていたいという気持ちが強かったため、下の子の保育所入園後は再就職に向けてパソコン教室に通おうと計画を立てていました。このタイミングで、以前お世話になっていた職場からお声かけをいただきました。「近々交換室に欠員が出るので、また私たちと一緒に働きませんか？」との嬉しいお話でした。下の子が１歳の誕生日を迎えたばかりで、仕事に家事に育児と両立できるか自信もなく、とても不安でした。でも、「精一杯応援するから」との主人からのメッセージと、お互いの両親からの「喜んで協力させてもらうよ」との力強いエールに後押しされ、職場からのありがたい申し出を受けることができました。

　こうして2007年４月に再雇用していただきました。子育てに奮闘していた５年の間に視力はかなり低下し、拡大読書器を使用しても見えなくなっていました。読み書きは点字に切り替え、自分専用の資

料を作成することにしました。その作業は1年で最も電話の多い年度末と重なりますが、業務と並行して行っています。内線番号表や社員名簿、お取引先一覧など、今年は点字用紙120枚ほどになりました。できあがった資料は、交換室の方が丁寧に補強してくださいます。資料作りに必要な物品は一般に販売されていないものでも取り寄せて用意してくださいます。また、敷地内には点字ブロックを敷いていただいています。出退勤用のカードをかざす場所やゴミ箱の分別など、いろいろな所にも点字や目印をつけていただき、周囲の方々のあたたかい心遣いのおかげで安心して業務が遂行できています。いつも見守り支えてくださる皆様に感謝しています。

　これまで私がお世話になった職場は、現在の職場を含めて3社です。まず、大阪にある視覚障害者のための訓練校で電話交換の資格を取得し、紹介していただいた東京の民間企業で1994年から4年弱勤

務させていただきました。初の視覚障害者雇用という
ことで、専門の施設から指導員を招き、視覚障害
者との関わりについて研修を受けてくださったそう
です。そのため、とても受け入れ体制のよい職場で
した。当時は両眼ともに 0.02 ほどの視力があり、太
いサインペンを使ってメモをとっていたため、夕方
には手や制服のブラウスの袖口が真っ黒になってい
ました。実家が沖縄だったことから、ワンルームマ
ンションを借り上げてくださいました。より安全に
通勤できるようにと、駅から徒歩 3 分で、しかも最
寄り駅から始発電車が 20 分おきに出ている立地条
件のよい場所を確保してくださいました。見知らぬ
土地での初めての社会生活、そして初めての一人暮
らし。不安は大きかったのですが、自身の力を試す
よい機会となりました。遠い田舎から視力の弱い女
の子がはるばる都会にやってきたということで、す
ごく可愛がっていただきました。

２社目は、京都の百貨店です。電話交換手として働きたかったのですが、３次面接で店内アナウンスをメインに勤務してほしいとの要望で、猛特訓の末、デパート全館に私の声が響きわたりました。願いをこめたお呼び出しで、迷子さんが見つかった時は本当に嬉しく、店内アナウンスの仕事に充実感を覚えました。それぞれの職場で、たくさんの方との出会い、そして多くの学びをいただきました。

　視覚障害者が一人で就職し、一人で就労を継続していくことはとても困難です。でも周囲の方の理解や協力をいただくことができれば難しいことではないと思います。もちろん本人の努力は不可欠です。私が心がけているのはこんなことです。例えば、晴眼の方たちと対等に仕事がしたいので、資料（４ケタの内線番号、問合せの多い支店や営業所の住所、電話番号やFAX番号など）はできるだけ記憶するようにしています。点字の資料は印刷せず、すべて手

打ちしています。点筆タコができたり、手首や肘に炎症が起きるため、冷やしたり痛み止めを服用したりということもありますが、あえて手作りしています。何と言っても手打ちすると頭に入りやすいのです。また、早めに出勤しています。単独歩行の通勤は危険と隣り合わせですが、焦らず注意を払って通勤することで、気持ちに余裕をもって仕事に就くことができます。何より大事なのはコミュニケーションです。挨拶は笑顔で、社内行事にはできるだけ参加し、自分のことや視覚障害について少しでも理解してもらえる機会としています。お礼や感謝の気持ちなどはそのつど伝えています。スキルアップのため話し方講座やボイストレーニングに通ったり、身だしなみにはかなり気を配るようにしています。

　私はどの職場でも楽しく学ばせていただきました。本当にたくさんのあたたかい心を持った方々との出会いのおかげで、就労を継続することができていま

す。気持ちの良い配慮を受けるためには、自分のできること、できないことをきちんと伝えなくてはなりません。私の仕事である電話交換業務は一日中声を使うため、のどの乾燥を防ぐ必要があります。交換室には電気ポットとやかんが用意されていて、絶えずお茶をいただけるようになっています。そのお茶の用意の際、自分にどれだけのことができるのか、一度体験させていただきました。ポットに水を汲んだり、使用したカップを洗ったりすることは無理なくできるのでさせていただいています。お湯の扱いは危険が伴うため、頑張ればできるのですが、不安な気持ちを伝えたところ、一緒に働く皆さんが快く引き受けてくださっています。

　自分にできること、できないことをしっかりと伝え、これからも感謝の気持ちを忘れず、日々笑顔で仕事と向き合っていきたいと思います。目指せ、定年！が私の最終目標です。「おはようございます」の

明るい挨拶で、一人でも多くのお客様の心を、少
しでもほっこり包むような電話応対ができるよう、
日々精進して参りたいと思います。

辻本　裕子（つじもと ゆうこ）

京都市在住
民間企業の総務部で電話交換業務を担当
黄斑変性症による手動弁

理解を深める基礎知識②
見え方の区分あれこれ

0.01 を下回り、数値で表せない視力については以下のような
表現があります。
◆**指数弁**　眼前に手を提示したとき指の数がわかる状態
◆**手動弁**　眼前で手を上下左右に動かしたときに動きがわか
　　　　　る状態
◆**光覚（光覚弁）**　明暗がわかる状態
◆**全盲**　医学的には、両眼共に光も感じない状態
　（検査方法等詳細は省略しています）
ちなみに、視覚障害者に対して視覚に障害のない人のことを
「晴眼者」といいます。

人と人、人と未来をつなぐ
サポーターとして

奥野　真里

　現在、私は社会福祉法人日本ライトハウス情報文化センターに勤務して12年目になります。主な担当業務は、視覚障害の方が利用する点字図書や学習教材（点字教科書等）の製作です。私自身が直接製作を行うことはごく稀で、多くはボランティアの方にご協力いただいており、私は点訳する書籍を担当ボランティアに依頼したり、点字の規則の相談を受けたり、打ち合わせのコーディネイトを行ったりしています。

　私の目が完全に見えなくなったのは3歳半の時でした。よく驚かれるのですが、見えなくなった時のことを鮮明に覚えています。と言っても「見えなくなった」という認識はなく、「暗くなった」という感

覚だったような気がします。そうして私の視覚障害者としての生活がスタートしました。

　小学校は盲学校（現：視覚特別支援学校）に入学しました。今でこそ「インクルーシブ教育」といわれる、地域の学校で目の見える児童とともに学ぶ学習環境を選択する視覚障害のお子さんも多くなりましたが、私が就学した頃はあまり事例がありませんでした。ただ、ケースは少なかったものの、その選択肢は当時もありました。両親は迷った末、盲学校で学ばせることを選びました。

　盲学校では弱視や全盲の児童・生徒がともに学びます。時には見え方に応じて別学級に分かれて授業を受けることもありますが、活字を読み書きする友達の隣で、私は点字で読み書きをするという光景は日常のことでした。

　小学生の頃は将来の夢が目まぐるしく変わっていました。ナイチンゲールの本を読んだら看護師にな

りたいと言ってみたり、音楽番組にはまると、華や
かな衣装を着て歌ってみたくてアイドルになりたい
とか。とにかく、実際に可能かどうかはそっちのけ
で、湧き上がる気持ちのままに夢見ていました。

　やがて中学生になると、自分の障害を意識するよ
うになり、将来について漠然とではありますが、現
実的な職業を思い浮かべるようになりました。そん
な折、衝撃を受ける出来事がありました。それは視
覚障害のある教員に出会ったことです。小学校入学
以来高校まで盲学校で学んできた中、それまでの授
業は目の見える先生が担当されていましたが、高校
で初めて視覚障害教員に教えていただいたのです。
数学の教鞭を執られていた先生はいつもスマートに
授業をこなし、理路整然と説明をされていました。そ
の姿に、教員としての尊敬に加えて同じ視覚障害者
の先輩として刺激を受け、憧れを抱くようになって
いました。

大学では教職課程を履修し、いつしか教員を目指すようになりました。教育実習をすることになり、本来なら母校の盲学校で経験させていただくところなのですが、当時、目の見える生徒たちに教えることを目標にしていた私は、大学の学生課の方にも協力していただき、一般高校での教育実習を申し出ました。障害を持つ教員が晴眼者の生徒に接することで、共生社会を生み出す一端を担えるのではないかと考えたからです。その結果、卒業生以外の実習生も柔軟に受け入れていた高校で運よく実習をさせていただくことができました。

　いわゆる就活時期には、教員の道に進もうと教員採用試験を受けたり、民間企業への就職を考えたこともありました。就職氷河期と呼ばれた時代でしたが、だからこそ、さまざまな選択肢を模索しながら可能性を探る経験ができたと思います。ただ、情報は集めていたものの、実際に民間企業の就職試験

を受けることはありませんでした。ちょうどその頃、点字図書に関わる仕事があると知ったからです。

　それまで、図書を借りて読むだけでなく白杖を購入したり、対面朗読を受けたりと、何度となく点字図書館を利用していました。インターネット上に登録されている点字図書データも大いに活用していましたが、点字図書を製作する際にどのように活字から点字に訳すのかということ＝点訳については何も知りませんでした。考えてみると、点字図書館がどのようなところかもはっきりとわからずに利用していました。そのような私が、点字図書を作るための校正の仕事があることを知り、非常勤で仕事をさせていただけることになったのです。

　点字校正の仕事は、活字で書かれた本が点字でもわかりやすく表現されているかどうかをチェックしていく作業です。誤字脱字はもちろん、レイアウト、時には写真やイラストをどのように説明しているか

といったことを丁寧に見ていくのです。今までに経験したことのない仕事でしたが、もともと読書が好きだったこともあり、言葉の意味を確認しながら点字の規則に当てはめたり、活字では視覚的に理解しやすくレイアウトされているものをどのように点訳したら点字で伝えられるかを考えたりと、クリエイティブなセンスや当事者の思いに添った配慮が求められるこの仕事に、あっという間に引き込まれていきました。

　非常勤での仕事を経て、私は名古屋の点字図書館に就職しました。社会人になってまだ右も左もわからない私を、同僚や先輩が優しく指導してくださいました。話は遡りますが、教育実習を一般高校で経験したいと相談したとき、大学の担当の方から「今までは教えられる立場で守られてきたけど、教員になったら教える立場になって責任がついて回るんですよ」と指導されたことがあります。特に視覚障害

のある私に社会に出ることの厳しさを示唆してくだ
さった言葉だと思いますが、業種は違えど、社会人
になりたての私はこの言葉を戒めの一つとして心に
とめ、仕事に臨んでいました。

　約7年の勤務を経て現在の職場に転職し、10年以
上が過ぎました。今は校正の仕事に加え、冒頭に挙
げたようなボランティアの方に関わる業務、講習会
の企画、自治体から資料点訳の依頼を受けた際の見
積業務なども行っています。私が点字図書館に就職
した頃と現在とで明らかに違うのは、パソコン業務
が必須であることです。画面読み上げソフトの入っ
たパソコンで Word や Excel を用いて事務作業を
行うほか、点字の入力や点字データの編集もパソコ
ンで行っています。またメール、ネット検索、スケ
ジュール管理など、パソコンがなければ日々の業務
はこなせないと言っても過言ではありません。文字
データになっているものであればスムーズに作業を

することができますが、画像に関してはどうすることもできず、周囲の方の力を借りて説明してもらっています。

　こうしてサポートしていただきながら仕事をする中で、もう一つ大切だと思うこと。それは私自身の支援者としてのコミュニケーション力です。私の職場には日々利用者やボランティアが来館されます。その際の声かけや応対など、コミュニケーション力が問われることが多くあります。「コミュニケーション力」というと、とかく「発話する力」を思いがちですが、実は「聴く力」が重要なのではないかと感じています。ご本人やご家族、知り合いの方の目が見えにくくなってきているのを「なんとかしたい、助けたい。でも、どのような方法があるのかわからない」というご相談には、ご本人の見え方や生活の状況などをうかがって、今必要とされる情報をお伝えします（時には、将来的に利用できそうな情報も踏

まえてお伝えすることもあります）。また、「ボランティアってどういう活動なのだろう」と扉を叩こうとしておられる方には、ボランティアを始めようと思われたきっかけや、ボランティア活動に対するイメージなどをお聞きし、講習会や活動に関する情報をお伝えしています。相談に来られる方が抱える問題や生活環境はそれぞれ異なりますので、その方に寄り添いながらお話をうかがい、一緒に可能性を探り、相談にお答えすることが求められていると思います。

　私は小さい頃から、周囲の方々にたくさんの恩恵をいただいてきました。進学をどうするか迷っていた時に相談に乗ってくださった先輩、教員への道があることを示し、未来を拓いてくださった先生、就職活動で悩んでいた時に助けてくださった大学スタッフの方など、挙げればきりがありません。今の私が仕事をこなしていられるのも、その時々の私の思い

を聴いてくださった方がいたからです。今度は私が
少しでも恩返しができるように、出会う方々の思い
をしっかりと聴き、人と人とをつなぐサポートをし
ていきたい。これからも、皆さんにご指導いただき
ながら、一歩ずつ歩みを進め、さらにこの仕事を後
輩にもつないでいきたいと思います。

奥野　真里 （おくの　まり）

非常勤での校正の仕事を経て名古屋の点字図書館に勤務
その後、現在の職場、社会福祉法人日本ライトハウス情報文化
センターに勤務

全国視覚障害児童・生徒用教科書点訳連絡会事務局、日本点字
委員会事務局を担当
視覚障害者文化を育てる会（4しょく会）運営委員

視覚障害ママの人生劇場

木村　朱美

　人生劇場の主人公、ママは 2005 年に網膜色素変性症で全盲になった中途視覚障害者。現在は、視覚障害 1 級で、明るい所では世の中がぼんやりと白く見え、光や目前の物の動きがわかる程度。暗い所はまったく見えない。趣味はパソコン、特技もパソコン。座右の銘は「負けない心と諦めない勇気」。

　海外留学の体験を生かして旅行会社に勤務し、ツアーの企画・手配・添乗などの業務をこなし、世界中を飛び回っていた。その後シティホテルのフロントマンとして働き、結婚。長女の出産を機に退職し、2 人目である長男を出産後に視覚障害者になった。

　見えない中での 2 人の子育てに奮闘しながら、学校の PTA や子ども会の役員を歴任。とにかく、自

分の見え方を周りに伝え、何ができて何ができない
かをはっきりと伝えること。それから、最初からで
きないではなくて、どのようにすればできるように
なるかを考え、努力すること。その姿勢を見せれば
周りも理解してくれて、必要な手助けをしてくれる
はず。素敵なママ友たちに恵まれ、充実した役員生
活を送ることができた。これは就労一般においても
言えることかもしれない。

　子供たちが大きくなるにつれ、手はかからなくな
るけれどもお金がかかるようになる。習い事に学習
塾、学校の授業料に部活の遠征費などなど。大変だ
こりゃ。家計の足しになればと、「見えないけど働こ
う！」と決意した。守るべきもののためならママは
強くなれるのだ。

　働くのならパソコンの技術を身につけなければと
いう友人のアドバイスで、まず、視覚障害者を対象
としたパソコン教室に通った。最初は「えっ？　見

えないのにどうやってパソコンするんだ？」と謎であった。スクリーンリーダーというソフトをインストールするとパソコンの画面が読み上げられ、画面に何が出ているかが音声で確認できるということ、マウスを使わなくてもキーボードだけで操作できるということがわかった。電源の入れ方から習い始めて１年くらい経った頃、パソコン教室の先生の勧めで大阪府が主催する「音声起稿師養成講座」を受講した。規定の成績を収めて修了すると、大阪府から会議の議事録や講演会のテープ起こしの業務を受注し、在宅で業務ができる。「手っ取り早く稼げるな」と思い、子育てで忙しい中シャカリキに頑張って受講し、大阪府知事の修了証書をゲット。

　実はこの時、自分にはもう一つ夢があった。視覚障害者にパソコン操作を指導する講師になるという夢。目で情報を仕入れることが難しい視覚障害者も、音声パソコンを使えばいろいろな情報を手に入れら

れることを、自分の体験を通して伝えたかったのだ。そのためには、自分自身もっと音声パソコンのスキルを高めなければと障害者職業訓練校の情報処理科に入校し、1年間、音声を使ってのパソコン操作を学ぶことにした。

　訓練校では、パソコン操作以外にもビジネスマナー、就活のノウハウなど視覚障害者が就労するために必要なさまざまなスキルを学んだ。同時に、厳しい教官の下、仕事において視覚障害者が健常者と同じ土俵で勝負するための根性も学んだ。実はこのことが今、健常者と仕事を取り合いする時に生かされている。

　パソコン講師になるためにパソコン操作の訓練を受けていたのだけれど、同期の訓練生のほとんどが一般事務を目指して就活をしていて、「企業で働くほうがお給料は多そうだな」と思い、自分も一般企業への就労にチャレンジ。全盲の2児のママ、履歴書

片手に大奮闘！

　いざ就活に臨んでみると、目が見えないとやはり不利だった。ただでさえ障害者は就職に不利なのに、ましてや全盲となるとますます不利だった。できる業務が限られるからだ。面接で「見えないとお茶も入れられないし、コピー取りや郵便物の送付準備もできないね」とよく言われた。そして、国からの指示で、障害者をある程度雇用しなければいけないという規定があるが、同じ障害者を採用するなら、目が見えない障害者よりも見えている他の障害者を雇用するほうが、できる仕事の種類が多いので効率的だと考える企業が多いということを知った。もう、見えないことが悔しくて、悔しくて、涙が止まらなかった。全盲が一から就労する難しさを身をもって感じた。

　これじゃ前へ進めない。どうすれば全盲が就職できるか？　試行錯誤していたとき、父が脳梗塞で

倒れて寝たきりになり、介護を手伝うことになった。悔しいけど、就活を断念せざるを得なかった。それでも子供たちのために働かなければいけない。自分のパソコンの力を信じてやってみるか！　以前、音声起稿師養成講座で取得した資格を生かして、在宅で仕事をすることを考えた。養成講座時代の恩師の所へ行き、大阪府からの仕事をいただけるように依頼した。家にいながらパソコンを使って業務をやり取りし、会議や講演会などの音源データをもらい、それをパソコンを使って文字に起こしてクライアントさんに納品するという在宅でのテレワークだ。これなら通勤時間も要らないし、納期さえ守れば自分のペースで仕事ができる。自分の現状にピッタリの仕事だと思った。父の介護に通う合間を縫って仕事をし、子供たちが学校から帰ると「おかえり！」と家で迎えてやることもできた。企業で働くよりも収入ははるかに少なかったけど、無いよりマシさ。何よ

りも、家族との時間を大切にすることができた。

　音声起稿師の仕事というのは、パソコンを使って会議の議事録を作成したり、講演会やインタビューの内容を記録し、文書として残す仕事だ。大変なことは、会議で音声だけを聞いて出席者名簿を基に発言者を特定すること。似たような声の人がいるとややこしくてもう、大変。業界の専門用語を正確に記述するために、あやふやな言葉はネットを使って正確な言葉を調べる。難しい専門用語がたくさんあって判断に時間がかかり、これも結構、大変。音声に雑音が入っていたり、録音環境が悪くて音声が聞き取りにくい時も大変だ。そのような場合はあらかじめ、どのように対処するかをクライアントさんと打合せしておくのだけど、やはり聞き取れないとイライラするし、自分が情けなくなってくる。何をしていても音声のことが気になって手につかない。

　しかし、それらを克服したとき、何ともいえない

充実感がある。また、「難しい専門用語をよくここまで調べてくれましたね。ありがとう」と言って感謝されたり、「この仕事は、次回もぜひ木村さんにお願いしたい」と再依頼があったりするととても嬉しくて、もっと丁寧で読みやすい原稿を作ろうとモチベーションが上がる。仕事で心がけていることは、当たり前だけど、必ず納期を守ること。そして、パソコンの画面は見えなくても入力した文字を音声でしっかり確認して、誤字脱字のない丁寧な原稿作りに努めること。

　音声起稿師として在宅業務をする傍ら、自分は、視覚障害者のパソコン学習のサポートも行っている。「大阪府障がい者 IT サポーター養成研修会」という、障害者にパソコンやスマートフォンの使い方を指導する講師を養成する研修を受け、ここでも大阪府知事の修了証書をゲット。ボランティアとしても活動しているし、講習会では講師謝礼をいただいて

の指導も行っている。その中でいつも残念に思うことは、視覚障害者がパソコンを学習する教室や講習会が関西には少ないこと、また現況では、在職中の視覚障害者がパソコンのスキルアップやビジネススキルのブラッシュアップをできる機関や制度が、関西にはほとんどないことだ。他の障害者のためのパソコンスクールや訓練はたくさんあるのだが。原因として、視覚障害者はスクリーンリーダーという特別なソフトをインストールしなければ操作できないのでお金と手間がかかること、また、スクリーンリーダーを使ってのパソコン操作を教授できる指導者が少ないことが挙げられる。これじゃ関西の視覚障害者は就労できない。

　そこで、これらの課題を克服し、視覚障害者がパソコンのスキルを身につけること、そのスキルを生かして就労や就労の継続ができることを目指し、志を同じくする仲間たちと行動を始めた。最終的には

国や地方自治体の力も借りることになるので、達成するにはとても高い壁を越えなくてはいけないし、長い時間がかかるだろう。でも、絶対にやってみせる。壁を越えられなければ、蹴とばしてぶち壊してでも前へ進んでやる。関西に視覚障害者のパソコン学習の機会を作り出すのだ。

　自分は人生の途中で目が見えなくなったけれども、パソコンを学習し、そのおかげで仕事も得ることができた。自分の体験を、これから就労を目指す視覚障害者の方々に紹介し、一人でも多くの視覚障害者が就労するための一助になればと思い、この就労相談人材バンクの一員になった。視覚障害者だって、パソコンという道具を使い工夫をすれば、目が見えなくても仕事ができることを世の中の人たちにどんどん伝えていきたい。それが人生半ばで視力を失った自分に与えられた使命だと思うから。

　視覚障害ママの人生劇場は、まだまだ続く……。

木村　朱美（きむら　あけみ）

大阪府生まれ

大阪府在住、1男1女の母

日本ライトハウス視覚障害リハビリテーションセンター職業訓練部情報処理科卒業

音声起稿師、パソコン講師

起稿事務所ドリームス　代表

大阪府障がい者 IT サポーター

大阪府視覚障害者福祉協会青年部パソコン研修会講師

日本ライトハウス情報文化センター ICT サポートボランティア「ボイスネット」会員

かるがもの会（視覚に障害をもつ親とその家族の会）新聞編集委員

パソコンスピード認定試験1級

2020 年　第 17 回アビリンピック京都大会銀賞受賞

2017 年、2020 年、2021 年　isee! "Working Awards" 受賞

関連ページ（2020 年受賞事例）

http://isee-movement.org/contest/excellent/1991.html

必要な人すべてに
適正な障害年金を

辰巳　周平

　私がこの仕事に携わることになった大きなきっかけは、自身の視覚障害でした。10年前、眼鏡の度数が合っていないことに気づき、近所の眼科へと足を運びました。すると医師から「夜盲がありますか？」と問いかけられたのです。きょとんとした私に医師が差し出したのは「網膜色素変性症」と書かれたパンフレットでした。その後私は精密検査を経て網膜色素変性症と確定診断を受け、あっという間に身障手帳（5級）を持つことになったのです。診断を受けた時には既にかなり視野狭窄が進行していましたが、全く病識はなく、まさに青天の霹靂でした。そのとき私は前職を辞め、社会保険労務士という資格を取り、まさに開業しようとしていた矢先でした。恥

ずかしながら私はその時点では「障害年金」という制度を勉強中に目にしたという程度で、自分には縁のないことと、深く知ろうとはしていませんでした。確定診断を受けた病院から専門医を紹介され、そこで私の現在の主治医でもある医師との出会いがあり、障害年金へと結びつくことになったのです。

　初診時、職業について聞かれたため社会保険労務士であることを説明すると、医師は驚いたような表情を見せました。私はそこで、視覚障害者には年金で困っている人が大勢いると教えられました。そこからJRPSという網膜色素変性症の患者会へとつながり、障害年金専門という道へ分け入っていくことになったのです。患者会で出会った方たちに話を聞くと、驚いたことに、年金を受給できる障害状態であるにもかかわらず請求せずに放置されていたり、またこの障害年金は請求が非常に煩雑であることから、諦めて請求自体をされていない方も多いことが

わかりました。さらに驚いたことには、認定基準を見てみると自身も既に障害年金の対象かもしれないということに気づいたのです。私の障害状態は3級14号といって、3級にも満たない障害手当金相当だったわけですが、網膜色素変性症のように不可逆である障害、つまり今後も進行していくような病気であれば、それを3級と読み替えることができるということがわかりました。そのため、保険制度の受給要件を満たしている者の当然の権利として請求することにしてみました。同じ程度の状態にある方たちにとって良い事例になれるかもしれないという思いも強くありました。

　しかし、このようないわゆる軽度の状態で障害年金を請求するケースは極めて少ないのか、行政機関の職員も理解に乏しく要領を得ませんでした。果たして結果は不支給でした。認定基準を何度見直してもその文言通りなら3級に該当するはずだと思い、

不服を申し立てることにしました。その結果あっという間に認定が覆りました。おそらくこのような軽度な状態を診査すること自体が少なかったのでしょう。単純な認定ミスだったようです。

　この自身の請求を通して、改めて障害年金制度の複雑さを思い知りました。そして、自身も障害者である私だからこそ、同じように障害年金を必要とする人たちをサポートしなければならないと、強い使命感のようなものが湧き上がってきました。そこからはあれよあれよという間に障害年金専門の社会保険労務士となっていったわけです。

　多くの患者さんと出会う中でよく耳にするのは、皆さんの口をついて出る「障害年金は請求が難しい」という不満の声です。私は社会保険労務士として、必要な方に年金が行きわたっていない現状を改めて知りました。また障害年金制度はその存在自体が、患者だけでなく病院や役所等公的機関の職員に

すらあまり知られていないこともわかってきました。身障手帳だけを持っていて障害年金は手付かずというよくあるケースが、実はまさにそのことに起因している場合が多いのです。眼科や役所の窓口で身障手帳について案内を受け、申請する過程で障害年金についての説明もなされるべきなのですが、残念ながら一緒に案内されていないケースが多く見受けられます。障害年金は突然の事故や病気により労働することに支障が出て就労所得が望めなくなったときの補償であり、また医療費や生活費の保障となるものです。その生活に直結するであろう年金が手付かずであり、また国からのアナウンスが不十分であることにより広く知られていないことに、大きな違和感を覚えました。

　ここで少し制度の説明になるのですが、例えば障害年金は原則2種類の請求方法しかありません。現在の症状を診断書に記載してもらい、提出した翌月

から年金を受け取る方法（事後重症請求）、もしくは初診日から1年半経過後3か月以内の診断書を用意し、当時に遡って受給（最大5年間）する方法（認定日請求）です。遡って受給する場合、症状が悪化した時の診断書を提出するのではないというのがポイントです。つまり、初診日から1年半後という非常に限定された日付の診断書が必要となります。そのため障害年金制度を知らずに長い年月が経ってしまっている方が大半で、遡って受給できる方はごく限られています。遡って受給できない場合は事後重症請求として請求するしかなく、それはつまり提出した翌月からしか障害年金を受け取れないということです。したがって、一刻も早い請求作業が必要ということになります。障害年金を請求する際に最も苦労するのが初診日の特定です。障害年金においてすべての起算となる初診日の定義は非常に複雑で、その人の病歴、就労歴、罹患している病気の特性等

によっても考え方はさまざまです。この初診日を明らかにしない限り障害年金ではスタート地点にさえ立てないのです。正しい知識をもって障害年金請求に備えるということが、私の経験や患者さんの実情を目のあたりにして強く感じたことです。現状では障害等級に該当するような障害状態にないという方も、初診時の領収書や診察券等、初診の証明となるものを残しておくことが、将来請求する際に必ず自分の身を助けることになるはずです。

　私は適正な障害年金を勝ち取ることによって、目の前の患者さんをサポートすることに全力を尽くしています。それと同時に、広報的な意味合いで自身の仕事を発信していくことを通じ、より多くの方にこの障害年金制度を知ってもらう必要があるとも考えています。少しでも請求漏れがないよう、適正な人に適正な障害年金を、というのが私の口癖です。

　最近、障害年金の講演をさせていただく機会が多

くあるのですが、さまざまな方から話を伺う中で、私はピアサポートのような役割も果たしていく必要があると感じています。年金について相談する際も、相手が健常者であると理解を得るのが難しいことや、腹を割って話せないこともあるかもしれません。私自身が視覚に障害を抱えていることを説明すると、驚きの後にふっと表情が柔らかくなる方がいらっしゃいます。障害の種類や程度は違っても、同じ立場の方と同じ目線で対等に話ができることは、自分のメリットだと感じています。

　また、私は職業柄多様な障害を負った方々と接します。中には残された時間があと数ヶ月であると宣告された方や、激烈な痛みに日々苦しんでおられる方、発症から数ヶ月でこれまでの生活が一変してしまった方もおられます。そのような明日をも知れぬ方々と接するにつけ、障害の程度を一概に比較することはできないものの、自身の抱える病気は決して

乗り越えられないものではないと思うようになりま
した。
　障害を抱えた社会保険労務士としてできることを
見つめ続け、こういった方たちのためにも障害年金
が一筋の希望となるよう、今後もこの仕事を通して
患者さんのサポートを行っていくつもりです。

辰巳　周平（たつみ　しゅうへい）
1976 年　明石市生まれ
早稲田大学卒
出版社勤務
2010 年　社会保険労務士事務所を開業

障害年金専門窓口　辰巳社労士事務所
https://sr-tatsumi.tank.jp

目が見えなくても医師になりたい

守田　稔

　私は過去2度にわたるギラン・バレー症候群の発症により、上下肢と視覚に障害があります。足は膝下の装具と杖、車いすに頼っており、手はパソコン入力はこなしていますが衣服のボタンをとめるなどの細かな動作はできません。目は光も感じない全盲となりました。それでも私には医師になりたいという夢がありました。そして現在、私は精神科医として外来診察を行っています。また、視覚障害をもつ医療従事者の会（ゆいまーる）の代表としての活動も行っています。

　最初に発症したのは1985年12月、小学4年生の時でした。手足が動かなくなり、4か月間入院しました。リハビリを続け、中学に進学する頃には日

常生活はほぼ問題ないまでに回復しました。ありき
たりな話ですが、内科の開業医であった父親の姿を
見ていて、私も医師になりたいと思うようになりま
した。1年浪人の後、1995年に関西医科大学へ進
学しました。大学では卓球部に入り、幹部学年時に
はキャプテンもさせていただきました。

　2度目の発症は1999年5月、医学部5回生のGW
明けでした。朝、目が覚めると手足に力が入らず、
その日の夜には呼吸困難となり、夜明けには人工呼
吸器につながれていました。顔も含めて全身が動か
なくなり、辛うじて眼球と瞼の動きだけが残りまし
た。また同時に視野も急激に狭くなりました。入院
3日後には救命救急科の集中治療室に移されました。
無気肺も認められ、呼吸器につながれていても息が
苦しくなりました。このまま死ぬかもしれないと考
えました。病状が安定し、一般病棟に移ったのは1
か月の後でした。まだ全身動きませんでしたが、瞬

きだけでコミュニケーションが取れるようになりました。命の危機を脱したことで、右目は既に見えず、左目は中心の針穴のような視野しか見えていないことを改めて認識するようになりました。「一生がかかっています。お願いです、目を治してください」と、涙を流しながら瞬きで主治医に訴えたことを覚えています。

　発症してから 2 〜 3 か月が経過したある日、深く落ち込む気持ちに変化が訪れました。舌が動くようになり、初めて体が良い方向に変わったと感じたのです。少し動くと感じたところは何度も動かしました。「こつこつ積み重ねていれば、1 年後に良い結果につながるだろう」そう信じてリハビリを続けました。首から肩、腕、手首と徐々に動く部分が広がり、入院半年後には自発呼吸も戻ってきました。そして 2000 年 4 月末、ついに退院することができました。とはいえ、退院時は歩けないどころか首も

据わっていませんでした。「日常生活に戻れるだろ
うか？　社会復帰できるだろうか？」大きな不安が
ありました。また当時は目が見えないと医師になれ
ない法律（欠格条項）があったため、左目に残され
た上下５度、左右 10 度の針穴のような視野が頼み
の綱でした。復学したいとの強い思いから、１年間
必死に体のリハビリを続けました。教授会でも復学
についてはかなり議論があったようですが、強い思
いが通じ、本人の希望を優先させるとの意見にまと
まったようで、２年の休学期間を経て５回生に復学
することができました。新しく同級生になった卓球
部の仲間が、同じ臨床実習グループになることを担
任に申し出てくれ、１年間車いすを押してくれるこ
とになりました。

　こうして 2001 年４月に復学を果たしたのです
が、わずか３か月後の７月、頼みの綱としていた
左目の、針穴のような視野さえ完全に失われてしま

いました。失意の中で夏休みに突入。気分は落ち込み、食べる以外は１日中寝ていました。それでも毎日は過ぎていきました。９月、２学期の臨床実習が始まり、卓球部の同級生のサポートで実習生活が再開されました。目的のある日々が少しずつ気分を復調させてくれました。話は前後しますが、定期的に通っていたリハビリ室で知り合った方がその前年に新聞の切り抜きを手渡してくれていました。そこには「欠格条項改訂へ。目が見えなくても医師国家試験を受けられる可能性が出てきた」そう記されていました。この法律が改正されるとの知識を持っていたことが、当時わずかな希望をつないでくれていました。

　１年間の臨床実習を終え、６回生は卓球部の同級生が所属する勉強会に参加させてもらい、国家試験への準備を整えていきました。父親が買ってきてくれたカセットレコーダーを使うようになり、大事な

ことは録音し、それを聴き直すという勉強方法もできるようになりました。教科書や問題集は多くを両親に録音してもらい、その数は最終的に90分テープ400本を超しました。それらを、当時下宿していたワンルームマンションで、トイレにこもって何度も聴き直しました。そのワンルームの部屋の方では、発病後看護と介助に来てくれていた母親が、私が聴くのと同時進行で新たな本の録音をしてくれていました。

　具体的な受験の準備をどう進めていけばよいのかについては、最初はまったくわかりませんでした。入院中からお世話になっていた病院ソーシャルワーカーの方の助言とサポートを受けて少しずつ情報を集め、やがて大学が厚労省との窓口をすべて引き受けてくださる体制ができました。この情報集めの時に面談していただいたのは、日本で初めて全盲で司法試験に合格された弁護士さんと、障害者職業総合

センターの研究員をされている、同じく全盲の方でした。病気になってから初めてお会いした視覚障害のある方がこのお二人でした。全盲でも第一線でお仕事をされている姿に、試験に対しての情報だけでなく、大きな勇気と元気をいただきました。

　2002年9月から11月にかけて、2か月にわたる卒業試験が行われました。対面で問題を読み上げていただき、それを録音して聴き直す。口頭で解答し、それを代筆していただく形ができました。厚労省ではその卒業試験の方法を基にして、医師国家試験の受験方法が検討されました。そして2003年3月、医師国家試験の当日を迎えました。

　守田稔の医師国家試験特例受験方法は、問題内容と問題数は一般受験者と同じ。別室受験で試験時間は通常の1.5倍。対面朗読で問題を読み、それを録音して聴き直すことは可能、漢字など、文字を尋ねることは可能。口頭で解答し、マークシートには代

筆記入。画像問題は問題作成者による画像説明があり、質問は受け付けない、あるいは解釈を伴わない質問に対しては返答するというものでした。1日約10時間、3日間にわたる全部で550問の試験でした。家族や同級生、周囲の方々の援助を得て試験を受けられるところまで到達し、厚労省の最大限の配慮により、私もその時持っていた最大限の能力を出し切ることができました。2003年4月、私は医師国家試験の合格通知を受け取りました。

　何科の医師になるかを決めるのは本人です。病気になるまでは思いが決まっていなかったのですが、卒業を前に、私は母校の精神科への入局を決めました。精神科を選んだ理由は二つあります。一つは全盲であっても仕事を続けていける可能性がいちばん高いと思ったから。そしてもう一つは、自分自身が病気を体験した中で身体と心の問題は大きく関係していると思い、そこに関心を持ったからです。大き

な障害を抱えた私の入局を母校の精神科が引き受けてくださったのは何より嬉しいことでした。

　2003年8月4日、東京の厚労省にて、免許を与えて大丈夫かどうかの面談が行われました。その結果8月7日付で医籍に名前が登録され、正式に医師免許が付与されました。余談ですが、卒後臨床研修制度は2004年度以降、複数の診療科を回るスーパーローテート方式になりました。現在も行われているこの方式では全盲だとクリアできない事項もあり、視覚障害者が医師を目指すには、今も課題が残っていると思われます。

　母校精神科では、多くの方々のサポートと指導を受け、6年間貴重な研修をさせていただきました。その後2009年から現在まで、奈良県にあるペインクリニック付属の心療内科部門で外来診療をしています。心療内科のスタッフは、私の他に3名。診察時にはスタッフ1名が在室し、診察をサポートして

くれています。車いすに座り、トイレ以外は診察室から移動することはありません。スタッフのサポート内容は、事前の患者情報、問診票、心理検査、血液検査等の情報提供、予約管理、処方箋入力、紹介状・診断書のパソコン入力、規定された診断書や書類への代筆、適宜情報の読み上げと確認、患者の呼び込み、案内、他診療科との連携調整、カルテ記載、私が音声パソコンで作成したカルテ内容の貼り付け、説明用パンフレットの作成、資料の説明、必要な医療情報の検索と読み上げなどです。

　診察の流れは以下の通りです。初診時には、診察前に事前の患者情報、紹介状、問診票、心理検査等の情報把握をします。患者さんに、最初に視覚障害があることを説明し、診察中、診察後に音声パソコンでカルテ記載、印刷、カルテに貼り付けをします。再診時は、診察前に前回診察内容、検査結果などを把握し、必要に応じてパソコンにて診断書、紹介状、

各種書類等を事前作成します。

　患者はペイン部門から紹介される場合と心療内科を単独で受診される場合があります。ペイン部門から紹介のある患者に多い疾患は身体症状症、不安症、睡眠障害等で、心療内科単独受診の患者に多いのはパニック症、気分障害、適応障害、睡眠障害等です。治療に際して大切となることはケースバイケースですので、患者さんの声と右耳に挿したイヤホンから聞こえるパソコンの音声を同時に聴き取りながら、心はしっかりお一人おひとりと向き合うようにしています。「診察を受けてよかったです」と言ってもらえる時、また症状が改善してきていると実感できる時、自分も誰かの役に立っているという思いにつながり嬉しく感じます。

　医学情報は DVD 版医学書籍、視覚障害者向け音声図書や点字図書のダウンロード、医学書、医学雑誌のボランティアによるテキスト化、ネット上の医

療情報の活用、学会、講演会への参加などで入手しています。中でも仲間とのネットワークは、情報交換になくてはならない存在です。NHK ラジオ「視覚障害者のみなさんへ」に出演したことをきっかけに、視覚障害をもつ医師の小さなネットワークができたのは、研修中の 2006 年でした。そして 2008 年 6 月 8 日、情報交換や親睦を深めることを目的に、視覚障害をもつ医療従事者の会（ゆいまーる）が発足しました。「ゆいまーる」は沖縄の言葉で、結びつきや相互扶助の意味があります。立ち上げメンバーが準備会でさまざまな案を持ち寄り決まったこの名称ですが、実は私はその日に初めて出会った言葉でした。今は会の目的にぴったり合っていると感じ、その言葉の意味を大事にしていきたいと思っています。発足当初 20 名に満たなかった会員も、2020 年 7 月現在は協力会員を含めて 80 名を超しました。また視覚障害をもち何らかの医療資格を有する会員は

40名を超しています。ゆいまーるでは2年ごとに機関誌を発刊し、HP上にも掲載しています。機関誌では就労に関する情報も含めて、会員からのさまざまな文章を読むことができます。

　私は病気になり、視覚障害を負ってから、たくさんの人の支えや応援でここまで歩んでくることができました。また欠格条項の法律改正がなければ私は医師になれておらず、そう考えると今の私があるのは、病気になるずっと以前からの多くの方々のご苦労とご尽力のおかげです。それら皆さまのご恩に報いられるよう、見えない医師としてこれからも精進していきたいと思います。

守田　稔（もりた　みのる）
1975年　大阪府生まれ
1995年　関西医科大学入学
1999年5月　2度目のギラン・バレー症候群に罹患
上下肢障害、視覚障害をもつ

2001 年 7 月失明、光覚も失う
2001 年 7 月　「障害者等に係る欠格事由の適正化等を図るための医師法等の一部を改正する法律」施行
2003 年 3 月 15 日〜 17 日　第 97 回医師国家試験
＊視覚障害者に対して初めての特例受験を実施
同年 4 月 24 日　合格発表
2003 年　母校精神神経科入局
2008 年 6 月　視覚障害をもつ医療従事者の会発足
2020 年 7 月現在、代表
2009 年　かわたペインクリニック心療内科勤務

視覚障害をもつ医療従事者の会（ゆいまーる）
http://yuimaal.org/

視覚障害者と一緒に働こう① 〈支援機器編〉

　本書に登場する「働く視覚障害者」の多くは、パソコンを使いこなして業務を行っています。また弱視者では拡大読書器で紙の資料を確認している方も多くいます。ここでは、そんな本書頻出の視覚障害者御用達アイテムについて簡単にご説明いたします。

■パソコンを音声で操作「スクリーンリーダー」

　スクリーンリーダーとは、パソコン画面の表示内容やキーボードからの入力内容を音声で読み上げてくれるソフトのこと。多くの方が利用している PC-Talker や JAWS 等有料のもの、NVDA 等無料のものがあり、それぞれに特色があります。これらを使用すると画面に表示された文字を読み上げてくれるだけでなくマウスを使わず操作ができるので、カーソルが見えない！見えにくい！という方でもパソコンを使うことができるのです。

■拡大だけではない「拡大読書器」

　拡大読書器とは、カメラで捉えた像を拡大・色の反転等見やすい状態にしてモニターに映す機器です。手元の資料の確認に使うことが多いですが、機種によっては遠くのホワイトボード等を見ることにも使えます。OCR機能を備えた機種では、印刷物を音声で読み上げることも可能です。

　これらの支援機器は高額なものもありますが、自治体からの助成や、独立行政法人 高齢・障害・求職者雇用支援機構等が行っている貸出制度（一定期間）を利用できる場合もあります。

　また弱視者の場合、症状によっては色を変えることでパソコンの画面が見やすくなることがあります。その場合はWindowsのハイコントラスト設定や拡大鏡機能をオンにすることも大変有効です。最近はWindowsの読み上げ機能（ナレーター）も以前に比べて使いやすくなったと言われます。

■小さいけど使える！iPhone や iPad を賢く活用

　iPhone や iPad は、音声読み上げ機能（VoiceOver）や色の反転等のアクセシビリティ機能が標準搭載されているほか、無料でインストールできる支援アプリも充実しています。特に画面の大きな iPad は、カメラ機能を拡大鏡代わりにする等活用範囲は広く、機器導入に比べて「今すぐ使える」点でも強力なサポートアイテムと言えます。

　「環境があれば働ける」本書の事例を参照いただき、どうぞ活路を探ってみてください。

第2章　転職

～見えない・見えにくくなって新たな仕事に就く～

これからも誇りをもって

廣岡　愛子

　私の仕事はヘルスキーパーです。

　「ヘルスキーパーって何？」それは、企業に勤務し、従業員を対象に、健康増進・疲労回復を目的にマッサージを中心とした施術をするスタッフのことです。企業内理療士ともいい、企業内の診療所や健康管理室等の部署に所属することが多いと思います。近年はPCを使ってのデスクワークが増えたこともあり、長時間同じ姿勢で仕事をする状況から肩こりや頭痛などに悩む人も少なくないと思います。そうした背景から、ヘルスキーパーを採用する企業は少しずつですが増加しています。私もそんなヘルスキーパーの一人として、「ありがとう。これで明日からも頑張れるわ」という従業員の皆さんのお声を励

みに仕事をしています。

　私はもともとは薬剤師として働いていました。大学卒業と同時に念願だった薬剤師となり、少し大げさかもしれませんが、大切な命に関わる仕事に誇りを持って、充実した毎日を過ごしていました。そんな私の目に異変が現れたのは、働き出して3年ほど経った頃でした。夜間や薄暗い所での見えにくさから始まり、微妙な色の違いのわかりづらさ、よく物にぶつかるなど、明らかに見え方に異常を感じるようになりました。視野が狭くなっていることを自覚しながらも、見えている部分の視力をうまく利用し、なんとか仕事をこなす日々でした。夢だった薬剤師の仕事、必死に勉強して手に入れた薬剤師の仕事を手放したくない。その一心で頑張っていました。

　そんなある日、薬を間違えるというミスを犯しかけました。結果的にはミスに気づき大事には至らなかったものの、ひやりと恐ろしい気持ちになり、自

分の視力に限界を感じた瞬間でした。「何かあって
からでは遅い」という自分と「でもこの仕事を続け
たい」という自分がぶつかり合い、葛藤する日々が
続きました。最後には、人の命に関わる仕事なんだ、
自分のエゴだけで続けてはいけない、そう決断しま
した。私は夢だった、そして誇りを持っていた薬剤
師の仕事にピリオドを打ちました。未練がなかった
と言えば嘘になります。でも誇りを持っていたから
こそ、取り返しのつかない事故を起こす前に決断で
きたことにホッとしている自分もいました。

　眼科で網膜色素変性症と診断を受け、２級の障害
者手帳を取得しました。人生はまだ長い。生活もし
ていかないといけない。いろいろ考えた結果「やは
り人の健康に役立つ仕事がしたい」それが私の出し
た答えでした。

　そこで、３年という時間はかかるけれども、視覚
支援学校に入学して三療の国家資格を取得しようと

決めました。三療というのは、「あん摩・鍼・灸」と
いった、昔から視覚障害者の仕事として定着してい
る仕事の総称です。頭文字を取って「あはき」と呼
ばれることもあります。三療の授業は聞けば聞くほ
ど奥が深く、健康に携わる仕事がしたいと思ってい
た私は、その授業にどんどん引き込まれていきまし
た。また、性別も年齢もバラバラなクラスメイトか
ら授業の合間に聞く経験談は、若輩の私にとっては
人生論の講義のようでした。支援学校での日々はと
ても充実していてアッという間の３年間でした。

　先生方の熱心なご指導のおかげで無事三療の国家
資格を取得することができ、現在の職場である鉄道
会社の特例子会社への就職も決まりました。この特
例子会社での、ヘルスキーパー１期生としての採
用でした。先生からは、私の仕事振りによっては今
後さらにヘルスキーパーの雇用が増える可能性もあ
るとお聞きしていました。お世話になった母校の名

前に傷はつけられないという思い、そして視覚障害者の後輩達の就労機会を増やせるかもしれないという強い使命感に支えられ、入社直後から全力投球の日々でした。

　最初のうちは指の痛みに悩まされたこともありました。また1期生としての採用だったため、運営方針なども一から決めていく必要があり、わからないことが多くて大変でした。現在は店舗を構えてマッサージルームを運営しており、従業員は勤務時間外に施術を受けに来られます。電話での予約対応や、パソコンによるカルテ管理、予約管理、業務日誌の作成、清掃などの周辺業務も行っており、最近はスタッフと一緒に細かなところまでアルコール消毒を徹底するなど、状況に応じた対策も心がけています。少しでも健康に役立つ仕事がしたい、その思いで働く私の心の支えとなっているのは、冒頭のような「明日からも頑張れるわ」や「廣岡さんのおか

げで事故なく運転できます」という、従業員の皆さ
んからの嬉しいお言葉です。時には仕事上の悩みや
愚痴をお話しになる方もいます。私は聴くだけです
が、最後には「聴いてもらってありがとう。体だけで
なく心も楽になりました」と言ってくれる方もいま
す。そうして日々の仕事に励む中、最近特に嬉しい
ことがありました。親会社である鉄道会社はいくつ
もの機関区を持っているのですが、複数の機関区で
ヘルスキーパーを採用することになったのです。も
しかしたら私もほんの少しだけ貢献できたのかな？
日々の頑張りが認められ、それが多くの視覚障害者
の道につながった気がして思わず笑顔になりました。
拠点が増えた現在は、同じレベルのマッサージサー
ビスを提供することにも力を入れています。
　見えにくくなっていく中で自身の仕事を見つめ直
す時、選択肢となるのはデスクワークだけではあり
ません。ヘルスキーパーを含めた三療の仕事に就き

たいと考えておられる方はもちろん、それがどのような仕事かよくわからないという方や自分の可能性を探りたいという方、またヘルスキーパーの導入を検討されている企業の皆さんにも、私の経験をお話しすることで、社会に、そしてお世話になった視覚支援学校の先生方や相談に乗っていただいた方々に、少しでも恩返しができればと思います。かつて薬剤師としての限界を感じた私の視力はその後ますます低下し、現在では左右とも手動弁（顔の前で手を動かした時にその動きを感じる状態）になりました。そんな今の私から、あの時の自分に言ってあげたい。「よく決心したね。その決心は間違っていなかったよ」と。そして「今は薬剤師の仕事と同じぐらい、いやそれ以上にヘルスキーパーという仕事に誇りを持って取り組んでいるよ」と。

　これからも、三療の道に進むことを決心した時の自分にそう言い続けられるよう、日々精進していき

ます。従業員の心と体の健康のため、仕事への誇り
を胸に、今日も明日も「頑張ります！」

廣岡　愛子（ひろおか　あいこ）

2010 年 3 月　薬剤師退職
2010 年 4 月　視覚支援学校入学
2013 年 3 月　卒業
あん摩マッサージ指圧師、はり師、きゅう師国家資格取得
2013 年 4 月　鉄道会社の特例子会社に入社、現在に至る

理解を深める基礎知識③
「産業医」って？

産業医とは、労働者の健康な就労の支援を目的として選任
された、産業医の資格を有する医師のことで、労働者が 50
人以上の事業場では選任が義務付けられています。健康診
断の実施やその結果に基づく措置のほか、病気治療と就労
の両立支援、医学的な立場からの職場環境や働き方の提案
等を、労働者や企業との面談を通じて行ってくれます。な
お、労働者数 50 人未満の事業場の場合は地域産業保健セン
ターが事業者・労働者の相談窓口を担っています。

新しい私を迎える小さな挑戦

平井　威史

ハナニアラシノタトヘモアルゾ
「サヨナラ」ダケガ人生ダ
（『勧酒』井伏鱒二訳より）

　「危ない！」助手席の妻が叫んだ。その瞬間、隣の車と接触していた。幸いなことにけが人が出なかったので、警察で事故証明をとって、各々が自身の車を修理することに決まった。事故証明を書いてくれた警察官が、別れ際にこう言った。「あなたがわざと事故を起こしたのでなければ、こんなことって普通はあり得ない。一度目医者で診てもらった方がいいですよ」と。それは、5日前に結婚式を挙げたばかりの日のことだった。警察を出て宿に向かう私

たちの間には、無言の時間が重く横たわっていた。

　数日後、事故の原因が明らかになる。網膜色素変性症。初耳だった。「なんですって」思わず聞き返した。再びゆっくりと病名を繰り返した医者は、徐々に視野が狭まっていくこと、治療法は今のところないこと、健康に留意すること、特に大病を患うと失明につながりかねないこと、身障者手帳の申請が可能であること等を丁寧に説明してくれた。そして私は突然３級の手帳所持者となった。自分とみんなは同じ見え方だと思っていた。視力は両眼とも 1.0 以上ある。眼鏡もかけずに見えているのだ。でも、違っていた。ショックだった。これからどうなっていくんだろう。眠れない夜がしばしばあった。楽しいはずの新婚生活は、不安を抱えながらの船出となった。

　その当時、私はパンフレット・チラシ・マニュアル等紙媒体の広告制作会社に営業職として勤務していた。営業と一口に言っても、顧客との打合せから

原稿の作成、デザイナーとの調整、掲載写真の管理、印刷物の校正等、出来上がるまでの一切の管理を担当する。現在のように原稿作成からデザイン、印刷までをパソコン上で行うDTPが確立されていたわけではなく、制作過程の各段階で文字校正・写真校正・色校正と「完璧に視る」ことにより、受注した紙媒体を仕上げていくのである。つまり、仕事をする上で目は最も重要な機能なのだ。当時の視覚状況では仕事に支障はなかったものの、将来を思うと不安が募った。

　そんなある日、母が病に倒れた。幸い一命はとりとめたものの、病床の母は声も出ないほど衰弱しきっていた。突然健康が損なわれることもある。昨日までの当たり前が、いつなくなるかわからない。母の姿にこの思いが重なった。私の心が転職に傾いた瞬間だった。半年後、私は広告制作会社を退職した。

仕事は辞めたものの、何か当てがあるわけでは
なかった。失業手当をもらいながら、ハローワーク
に通い転職先を探した。障がい者雇用のコーナーで、
大阪府労働部（当時）・ハローワークが主催する就
活イベント「障害者合同雇用促進会」を紹介された。
そのイベントで４社に履歴書を提出し、最初に内定
となった旅行会社に再就職が決まった。旅好きの妻
がいちばん喜んでくれた。障害者となり、悩みなが
らも思い切って転職を決めたこの時の企業で、現在
も就労を継続できている。
　入社当初は、大規模イベント運営や出張業務用シ
ステム販売の営業を行う部署の事務に配属された。
自分が思い描いていた、旅の企画やパンフ作成、販
売といったいわゆる「旅行」とは異なる分野の業務
に、新鮮な気持ちで臨んだ。
　行政書士の資格講座を受講することにしたのは、
眼鏡をかければ運転免許証がぎりぎり更新できた頃

だった。その頃、雇用保険で講座費用の７割を負担する制度ができたのだ。当時所属していた支店は行政案件が多かったので、登録手続き等の業務に役立てるため、自己啓発も兼ねて資格取得を目指した。受講にあたっては妻のアドバイスもあり、毎回少なくとも一つは質問することを心がけた。さらに新たな質問を求めて、休日も録音した講義を繰り返し聴くことに熱が入った。おかげで楽しみながら資格を取得することができた。ちなみに講座修了から５年後、天王寺駅でその時の講師に声をかけられた。理解を深めるために毎回質問していた私のことを覚えてくれていたのだった。

　「少し、考えさせていただいてもいいでしょうか」戸惑いながら答えた私に、「もちろん」と上司は頷いた。新年度を迎え、年度目標や担当業務の確認をする面談で、遵法営業の推進役も担ってほしいと言われたのである。転職後８年経った時のことだった。

企業の不祥事によりコンプライアンスという言葉が少しずつマスコミで目立つようになり、各企業が対策に力を入れ始めていた。事務職として入社し、主に調査、企画、調製等営業の補佐的な業務を行ってきた私は、営業の前線に立っていたわけではないものの、バックヤードとしてそれなりに役立っている自負もあった。その提案を受ければ今までの担当業務と並行して、営業担当者があまり意識していないことを認識させ、時にはリスク回避のためにブレーキをかけなければならない場合もあるだろう。ある種逆向きの業務である。前年に行政書士資格を取得したことが上司の念頭にはあったのだろうが、私に務まるだろうか。不安から迷う自分がいた。しかし迷いの中で聞こえてきたのは、手探りの歩みの中でいつしか生まれたもう一人の自分の声だった。上司は丸投げなどしない信頼できる方だ。資格取得のための学びもさらに活かせるだろう。何より、私にとっ

て初めての挑戦は楽しいじゃないか。やってみよう。数日後、上司からの提案を受けた。

　一歩踏み出した私は、新しい業務をどのように推進していくかを考えた。本社にも同様の機能があったので、必要な時には委ねることもできた。もちろん本社との連携は大事であるが、一般的なマニュアルより支店の現状と課題に即した対応が、私に与えられた任務と定めた。そこで、案件に応じた契約の個別指導、著作権等知的財産権侵害予防のための勉強会開催、事業を進めるための法務相談を中心に業務を推進していった。深い知識を持ち合わせていたわけではないので、自身も勉強しながら進めた。今にして思えば、完璧に推進できたとは言えないかもしれない。しかしそれから15年が経った今、私は法務の専任担当となっている。あの時の新たな挑戦が今の私の礎となっているのは間違いない。

　障害等級が2級となり、矯正視力が両眼とも0.1

を下回った現在も、拡大読書器とパソコンのスクリーンリーダーを併用して業務を継続している。法律や契約書には独特の言い回しがあり、助詞（てにをは）一つで解釈が異なってくる。音声で聞き取る過程を経ることで、先入観に惑わされたり誤った解釈をしたりすることなく、そこにある文言をより正確に捉える視点が得られた。目で文字を追う時に比べ、音声では飛ばし読みすることはない。これは聴いて読むことの強みだ。「聴く力」を養うことで、言語を大切にしなければいけない職業は、目の不自由な人に適した職業となり得ると、自身の仕事を通じて感じている。視力が低下し視野も狭まっていく中、少しずつ知見を広めていったことが今の自分に役立っている。あの時上司の提案を受け入れていなかったなら、また違う私となっていただろう。しかし後悔はしていない。むしろベストチョイスだった、そう思える今がある。

昨日までの自分に少しずつ別れを告げ、新しい明日の私と出会おう。劇的に変わることはなくとも、ワクワクすることが肝心だ。その思いが、生きていく糧となるのではないだろうか。どんな小さなことでもいい、日々きっかけをつかんで新しいことに挑戦していたい。突然の不安からはじまる日常、突然の挑戦で描く日常。そんな中でも、思えば惑い、悩み、時には妻に後押しされながら、まずは思い切ってやってみる私がいた。今後も人生を楽しみたい。「サヨナラ」がくれる新しい今を実らせて。

平井　威史（ひらい　たけふみ）
1963年生まれ
大阪府出身・在住
趣味　音楽鑑賞・サッカー観戦
好きな言葉　「思い切ったら出来ることをやらずにおるから悩みとなる」

恩送り
～当事者からの恩を次の方へ～

赤堀　浩敬

　それは突然のことでした。黒いカーテンのような
ものが見え、言われたのです。「失明するよ」と。

　異変が起きたのは 37 歳の頃でした。仕事中、神
戸の建設現場事務所で図面を見ていた時のことです。
ふと、視界に蚊のようなものが見えました。それは
視点を変えても動き回り、図面から目を上げて白い
壁を見ても、空を見ても付きまといます。目が疲れ
ているんだろうと、自宅近くの薬局に寄って相談
してみました。やはり目の疲れだろうということで、
購入した目薬とともに、目のまわりを指でマッサー
ジしてみたら、というアドバイスをもらって帰りま
した。その日風呂に入りながら、私は手でぐりぐり
と目のマッサージをしました。

翌朝目が覚めた時、私の右目は、大きく開いているはずなのに視界の上半分以上を黒いカーテン状のもので覆われているように見えました。近くの眼科で診てもらうと、網膜がかなり剥がれているとのこと。そして「すぐに手術をしないと失明するよ」そう告げられたのです。入院施設のある眼科を紹介され、その日のうちに即入院、翌日に手術となりました。病名は網膜剥離で、8割以上も網膜が剥がれていたようです。網膜剥離は手術をすれば完全に治ると聞いていたので不安はなかったものの、多少の視力低下は免れないようでした。仕方ない、そう自分に言い聞かせました。仕事には特に支障なく復帰することができました。

　右目の手術から3年後、今度は左目が見えづらくなりました。眼科を受診したところ、左目の網膜も剥がれているとのことで、また手術となりました。退院後、視力はさらに低下していましたが書類や図

面は見えていたので、この時も支障なく仕事を続けることができました。その後も何度も手術を受けることになりましたが、手術では失明を食い止めることはできても失った視力を回復することはできませんでしたので、目は見えづらくなる一方でした。今の仕事を続けていけるのだろうか、さらに視力が低下することを前提に早めに転職をした方がいいのではないかといったことを毎日毎日考え、不安な日々を送っていました。視力が両目とも 0.04 になった頃、眼科でのアドバイスがあり、身体障害者手帳を申請しました。その結果 3 級の手帳を取得したものの、どのように活用していいものかはわからずでした。

　「日本ライトハウスに行ってみたら」同僚が一つのアドバイスを授けてくれたのは、そんな時でした。それから日本ライトハウスで日常生活や趣味のことをいろいろ教えてもらいました。仕事についても相

談に乗ってもらう中でタートルの会について教わり、勇気を出して連絡してみました。そして交流会に参加することにしました。初参加の時は不安な気持ちだったのを覚えています。ですが行ってみると、同じような悩みをもった方々と巡り会うことができ、逆に元気と勇気をいただきました。また皆様との交流の中で、仕事に活用できる拡大読書器や音声ソフト等のグッズのことも知りました。

　当時私は、ハウジング・化学紙・フィルム・繊維・発酵といった広い分野で事業を行っていた総合化学メーカーである興人に、18歳で入社して以来勤務していました。2014年3月末をもって会社が清算によりなくなるまでの34年間（東京で7年、関西で27年）、住まいに関する仕事に携わってきました。

　見えていた頃の仕事内容は、戸建て住宅の計画・設計・図面チェック・見積書作成・官公庁への申請書類作成・建築現場の管理・アフターメンテナンス等

でした。目が不自由になってからの仕事は、主に分譲住宅を購入していただいたお客様のアフター対応となりました。もともと技術畑でしたので、戸建て住宅やマンションの建物の状況は理解しており、ある程度のことは電話で対応できました。しかしお客様の自宅に訪問しなければいけない場合や現地調査が必要な場合は、取引業者に依頼したり、上司に訪問してもらっていました。細かな確認も重要だったことから、仕事をする上で拡大読書器やパソコンの拡大ソフトの知識を得たことが大変役に立ちました。現地で調査した写真や図面については、パソコン上で拡大したり、プリントして拡大読書器で確認していました。それでもわかりにくい時は、上司や関係先に写真の内容を説明してもらっていました。そのほか、保有不動産の管理と処分に関する業務も行っていました。具体的に言うと、上司や業者に保有地の現地状況写真を撮ってもらい、それを拡大読書器

で確認します。腐って倒れかけた木が近隣の迷惑となっていないか、雑草が生い茂っていないか等を点検し、対応が必要な状況であれば、処理業者に連絡を入れ、見積書を出してもらいます。その内容を拡大読書器や音声で確認し、問題がなければ業者に発注書を発行し、作業に入ってもらいます。作業完了後には現地の状況写真を郵送もしくはメールで送信してもらい確認していました。また保有している未確認土地について登記簿謄本・公図・権利証書などを確認して土地の状況を把握し、隣接者に譲渡を勧める業務も、拡大読書器を活用して行っていました。

　その後、関係子会社の総務人事を3年間と福祉関係団体に1年弱勤め、2018年からは当事者福祉団体で働いています。現在、私は暮らしや就労についての相談、日常用具の説明などの支援に携わっていますが、突然の失明宣告以来、私自身、とてもしんどい時期がありました。何度手術を重ねても視力が

落ちていく中で、書類の文字や図面の数字が見えづらくなり、職場の方々の顔が見えづらくなり、挨拶もあまりできなくなり、コミュニケーションも取りづらくなり、できないことばかり増えていきました。仕事を続けていけるのだろうか。家族にどのように伝えたらよいのだろうか。眼科の先生に相談するもよいアドバイスもなく、誰に相談していいかわからず途方に暮れる日々もありました。そんな中、当事者団体の存在を教えてもらい、その集まりに参加したことで、目が不自由でも仕事ができること、マラソンやゴルフなどのスポーツができること、カラオケなど余暇活動もできることを教えていただきました。仕事上で活用できる拡大読書器や音声ソフトの存在を知り、職場に導入でき、自分自身が気がつかなかった自分の目の見え方について知ることができ、見え方を周りの方々に伝えることにより、コミュニケーションがさらに広がるようになっていきました。

当事者とつながることで元気な気持ちになり、できるんだという勇気が湧いてきました。前向きになれる原動力を与えてくださった皆様に大変感謝しています。本当に救われました。

　その気持ちを受け継ぐかたちで、13年ほど前、中途で視覚障害になられた方々の就労を考える「HOTPOTの会」を立ち上げました。現在も中途で視覚障害となり、仕事での不安や日常生活での悩みをもたれている方々に、寄り添い、ともに解決策を見つけていく支援をしています。しんどく、きつかった時にいただいたご恩を、次に出会う人へ恩送りしたい。これからも「まいど！赤堀です」の声かけから元気をお届けしていきます。

赤堀　浩敬（あかほり　ひろのり）
1961年　鳥取県生まれ
1980年　株式会社興人　ハウジング事業本部東京事業部技術
　　　　　課　配属

1998 年　網膜剥離発症（現在視覚障害 1 級）

2014 年　株式会社興人清算により退職

同年、興人フィルム＆ケミカルズ株式会社業務管理部総務人事室に転籍

2016 年　日本盲人会連合（現：日本視覚障害者団体連合）総合相談室就労相談員

同年、産業カウンセラー、キャリアコンサルタント取得

2017 年　興人フィルム＆ケミカルズ株式会社業務管理部総務人事室　退職

2017 年　社会福祉法人視覚障害者文化振興協会　入職

2018 年　社会福祉法人視覚障害者文化振興協会　退職

同年、社会福祉法人兵庫県視覚障害者福祉協会　入職

総務生活支援班　相談担当

きんきビジョンサポート　スタッフ

HOTPOT の会　代表

視覚障害者就労人材バンク　代表

人生 山あり谷あり チャンスあり

亀山　洋

　私は 40 代半ばに中途で視覚障害者になり、移住や職業訓練をはさむ 2 度の転職を経て現在に至る、還暦リーチのオッサンです。四国に生まれ育ち、父親の跡を継いで写真館を経営し始めた頃は、まさか自分が視覚障害者になって大阪に住むことになるとは、これっぽっちも考えていませんでした。振り返ってみると、いくつかの困難な時期を乗り越えてこられたのは、つかず離れずいつもそばにいてくれた家族の存在と、なぜか困っている時に限って巡り会えた人たちのあたたかい助言や支援のおかげだったように思います。自分の内面にばかり答えを求め続けるのではなく、誰でもいいから他人様の声に耳を傾けることが、問題解決の思いがけないヒントや

近道につながることもあります。こだわり過ぎるのはよくない。人生第一部の健常者時代に身につけたその考え方が、視覚障害と共に生きる人生第二部に役立っています。

　病気の自覚症状は色から始まりました。40歳を過ぎたあたりからなんとなく文字が見えにくくなり、早くも老眼になったのかなと思っていたある日、同じ物が左右の目で全然違う色に見えていることに気づき、眼科を受診しました。風景や人物といった被写体の色や質感をできる限り正確に再現することが求められる写真の世界で、色が正確に判別できないということは、プロとして致命的な欠陥です。最終的に名古屋大学医学部附属病院眼科で錐体杆体ジ（すいたいかんたい）ストロフィの確定診断が出たのは、初診から4年後のことでした。写真の仕事を続けたいという気持ちは徐々に薄れていたことから、私たち家族は関西に移住することにしました。妻の実家がある京都で、人

生の第二部が始まったのは 2007 年（平成 19 年）
の春でした。

　公共交通機関や医療機関が充実していて、行政の
福祉制度や利用できるサービスも多様な大都市圏は、
障害者にとっては住みやすい条件がそろっています。
そのおかげで、早期に生活の基盤を確保することが
できました。本来、社会資源に地域格差があっては
いけないのでしょうが、これが現実です。地方で視
覚障害者になり、現在は都市部に住む当事者の一人
として、地方への情報発信の必要性を強く感じてい
ます。

　関西に移住した私は、まず障害者手帳の交付を申
請し、就職活動を始めました。人脈も土地勘もなく、
サラリーマンの経験さえないまま、とにかく家族の
ために働かなくてはと、ハローワークに通う日が続
きました。これはという求人を見つけられずに 1 か
月が過ぎた頃、義父の知人を介して障害者枠での就

職話があり、1回の面接で採用が決まりました。

　こうして思いがけず製造業の会社の労務課に職を得ることができ、労働安全衛生や社会保険・給与計算といった業務を担当させていただくことになりました。それまでの社会人としての経験から、労務関連の業務についてはなんとなく知ってはいましたが、仕事となれば要求される知識やスキルはかなり高いレベルです。そのためルーペ片手に資料を読みあさり、パソコンの画面を拡大して情報を検索する日が続きました。この時に身につけた労働基準法や社会保険関係の知識と経験は、今でも公私ともに役立っています。

　転職当初は、パソコンの画面は色の反転なし、文字サイズは14ポイント程度で判読できていたと思います。視力の低下に伴い画面の色反転と拡大を行うようになりました。文字はおそらく24ポイント以上のサイズでなければ見えなくなっていたと思い

ます。当時、私は視覚障害支援機器というものが存在することすら知りませんでした。使用していたパソコンの OS は WindowsXP でしたが、たまたま量販店で見つけた、プレゼンテーション向けに画面を拡大する機能のあるマウスを使っていました。マイクロソフト社の製品で、専用のマウス本体にインテリポイントというアプリケーションを組み合わせて販売されていたものです。右手で持った時に親指が当たる部分に小さなボタンが追加されている特殊なマウスで、ボタンを押すごとに画面拡大と通常表示が切り替えられます。これはプロジェクターや大きなディスプレイを使用してプレゼンテーションをする時、参加者に注目してもらいたい部分や細かすぎてよく見えない部分を拡大表示するための機能ですが、私はパソコン画面のルーペとして活用していました。印刷物を読むためには、視力低下の進行に応じていろいろなルーペを購入して使っていました。

はじめは2倍から3倍のもので見えていたのです
が、数年後にはさらに高い倍率でなければ見えなく
なり、織物製品の検品用のリネンテスターや宝石鑑
定用のルーペが手放せなくなっていきました。ちな
みにそういった業務用ルーペは、まだ眼疾患の気
配もなかった人生第一部、写真館を営んでいた頃に、
地元の特産品である本真珠を使ったアクセサリーの
宣伝用カレンダー製作の仕事でご一緒したデザイ
ナーさんが、常に持ち歩いていると教えてくれたも
のでした。その時は、穴があくほど見つめていた指
輪やネックレスではなく、まさかルーペとご縁が深
くなろうとは思ってもいませんでした。

　障害の進行過程を振り返ると、2002年頃に異常
を覚えて初診、2006年に確定診断、2007年の移住
までは、本当にあっという間でした。移住後すぐに
住所地である京都府木津川市の公立病院の眼科を受
診し、障害認定を受けました。視力は両眼とも0.3

前後（矯正不能）、視野は 95 パーセント以上の欠損があり、同年 6 月末に交付された手帳の等級は 1 種 2 級でした。ただ、非常に質が悪いながらも周辺部の視野もありましたので、昼間なら自転車で近所に出かけるくらいはできました。2012 年後半あたりから夜盲症状が顕著となり、勤務先の工場内の薄暗い場所や帰宅時の歩行に危険を感じるようになりました。そのため夜間の歩行は控え、やむを得ない場合は懐中電灯を使用するようになりました。緩やかに視力が減退するのがこの疾患の特徴ですので、短期間で自覚することはなかったのですが、2 年に 1 度市役所に提出する診断書によって、障害手帳の等級はいつしか 1 級になりました。視力の減退と夜盲の進行もあり、入社から 6 年半後、私は再度転職を目指すことにしました。退職後の診察では、視力はすでに 0.01 から指数弁あたりとなっていました。

　就活再開後まもなく、ハローワークの障害者雇用

担当者から職業訓練を勧められたのを受け、岡山県の国立吉備高原職業リハビリテーションセンターで訓練を受けることにしました。こうして単身寄宿での２年間の訓練が始まったのです。

　初めてスクリーンリーダーや拡大読書器といった支援機器に触れた時、はたして自分に使いこなせるのだろうかという不安とともに、これからまた新しい人生が始まるんだという希望を感じたのを覚えています。パソコンとの付き合いは1980年代からですから、40年くらいになります。表計算やワープロはもちろん、写真館を経営していたことで、デジタルカメラで撮影したデータをPhotoshopという画像処理ソフトで加工することを日常業務としていたほか、本業以外でも小学校のIT授業や公民館行事でパソコンやデジカメ関連の講師を依頼されたこともありましたので、健常者としてならパソコン操作には自信がありました。しかし、画面を見ること

なくパソコンを操作するというのは、文字通り異次元の世界です。ここからは、目で見て行っていた作業を音声で速く確実にこなせるように自分を作り替えることを目指しました。

　ほとんどの課題は難しいものではありませんでしたので、処理のスピードと精度を基準に訓練しました。毎日の訓練は、一人一台貸与されたパソコンを使用して、自学自習方式で行われます。タッチタイピングやスクリーンリーダーの基礎知識から始まって、Excel や Word の訓練など、ほぼすべてのテキストや課題は、サーバー経由でダウンロードして使用します。訓練は、全盲やロービジョンなど訓練生各自の見え方に応じて、視覚障害者の訓練を専門に担当する指導員のサポートを受けながらパソコンの設定をすることから始まりました。訓練時間中は必ず指導員が近くにいるので、質問やサポートはいつでも受けられます。１コマ１００分の訓練と２０分の

休憩がセットで、週３日は３コマ、週２日は４コマですが、本人が希望すれば、指導員の終業時刻までは教室に残って自習することが可能でした。また通常の訓練とは別に、外部から講師を招いてビジネスマナーや電話応対などの講習があり、これは数名のグループに分かれて受講します。簿記の授業では、視覚障害者だけはマンツーマンの対面指導でした。私は当時の訓練生の中では最年長グループでしたが、指導者に恵まれたおかげで、ITパスポートと簿記検定２級の資格を取得することができました。（訓練内容や時間割などは、私が在籍していた2015年当時のものです。現在は変更されている可能性もありますので、詳しくお知りになりたい方は吉備高原職業リハビリテーションセンターへお問い合わせください）

　訓練期間中、当事者団体というものが存在していると聞き、そこから現在の友人ともたくさん知り合

うことができました。タートルの会にもつながり、今では私自身、実際に就労している視覚障害者を中心に大阪で活動している HOTPOT の会で幹事をさせていただいています。

　2年間の訓練修了後すぐに、現在の勤務先への採用が決まりました。ここでは、お客様の契約内容を管理し、更新やお支払い状況の確認、連絡業務などを受け持つ部署に勤務しています。毎日の定型業務は、メールのやり取りや Office アプリケーションを使用した事務処理がほとんどです。支援機器は、拡大読書器、スクリーンリーダーとして JAWS と PC-Talker、OCR ソフトとして MyRead、画面拡大ソフトとして ZoomText を導入していただきました。移動には常に白杖を使用するようになりました。日中の屋外や明るい地下街などでは、注意してゆっくり歩けばなんとか大丈夫なのですが、周囲の歩行者や自転車などとの衝突、施設や商品の破損などを避け

るため、常時白杖を手にしています。

　とは言うものの、現在（2020年5月末）は新型コロナ感染拡大によりテレワークの日々です。テレワークのメリットは、何と言っても通勤時の不安が解消されることです。マイペースでの作業も可能です。その反面、孤独な作業が続くことから不安を感じたり、ペース配分がうまくできなかったりと、健常者でも体調を崩すケースが増えているようです。視覚障害者にはより細かく対応できる制度やサポート体制が求められると思いますが、私はこれもまた新しい人生だと思うようにしています。

　60年近く生きてきた中にはさまざまなことがありましたが、悩み過ぎ、こだわり過ぎた時は失敗することが多かったように思います。こだわりを捨てるという状態を「人を薄める」と表現されたお坊さんがいらっしゃって、これが私の考え方の基準になっています。天職だと思い込んでいた写真の世界から、

なんと遠くまで来てしまったことでしょう。我が事
ながら驚きつつも、結構楽しいと感じている自分が
います。他人様よりも多くの転機をいただいたあり
がたいこの人生と、巡り会ったすべての方々に感謝
です。これから先、もうあまり転機を迎えることは
ないだろうと思いながら、実はちょっと期待して生
きている今日この頃です。

亀山　洋（かめやま　ひろし）

1961 年生まれ

2003 年　視力減退が顕著に。日常生活に影響が出始める

2007 年　経営していた写真館を廃業、京都府へ移住

同年　兵庫県の鉄鋼関連製造企業の労務課に中途採用

2013 年 12 月　視力減退により退職

2014 年 6 月　国立吉備高原職業リハビリテーションセンター
　　　　　　入所

2016 年 3 月　訓練修了

同年 3 月　現在の勤務先に転職

13

新しい光を灯して
～誰もが必要とされる人として働くために～

江守　雄至

　あなたは夜中に部屋のブレーカーが落ちて困ってしまった経験はありませんか。例えば寒い夜、電気ヒーターをつけながら電気ケトルでお湯を沸かしていると、突然部屋の明かりという明かりがすべて消えてしまい、不安とストレスを感じつつスイッチを入れ直すといった状況を想像してみてください。あいにくスマホの充電は切れていて、窓から漏れる月明かりを頼りに廊下に出ます。ブレーカーがどこにあったかの記憶はあいまいで、おまけに高いところに設置されているので手を伸ばしても届きません。朝を待って探すこともできますが、夜が明けるまで寒さに耐えなければなりません。あなたにはどんな感情が湧き上がるでしょう。こんな時、あなたはど

うするでしょうか。見えにくい人、見えない人ははたしてどうするでしょうか。

　私は現在、商社の建設資材部門で営業事務の仕事をしています。緑内障による中途視力視野障害で、障害者手帳を取得後、就労支援を経て現職に就き4年目を迎えます。職場では、拡大読書器の設置や音声読み上げソフトの導入、目を休める時間の確保、いくつかの業務の免除、時差出勤といった配慮を受けています。

　見え方は中心視野が欠けており、周辺視野を使ってぼんやりと見ている状態です。淡い色を見分けることが難しいほか、日光も室内の照明も眩しいため、通勤時や勤務中は遮光眼鏡を使用しています。外出は一人で行えますが、日没後や混雑した場所では白杖を持って歩いています。昼夜、社内外を問わず、すれ違う人を見分けることはほとんどできず、人を識別したり、文字や表情を読んだりするためにはか

なり近づく必要があります。

　病院で末期緑内障の診断を受けたのは、2014年の冬でした。それまでは自転車で通勤し、車も頻繁に運転する、ごく普通の生活を送っていました。当時25歳だった私は、秋口から増えた不自然な読み間違いや見落としに違和感を覚えて眼科を受診したのです。そこで知らされたのは、受診があと1、2か月遅かったら失明もあり得たこと、現在は身体障害者手帳の認定基準にぎりぎり届いていないが進行性で治癒の見込みはないことなど、緑内障が生涯付き合っていく病気であるということでした。思いがけない診断に衝撃を受けるとともに、悩みの原因が病気にあったことがわかり、少し安堵感も覚えました。しかし病気について調べ、周囲の人たちに打ち明けるうち、最初の衝撃とともに感じた安堵感は次第に絶望へと変わっていきました。今まで対等に接していた人が「可哀想な人」になったというような

重苦しい反応。どう接してよいかわからないというぎこちない対応。中には急に距離が遠くなったように感じられる方もいました。家族のショックは私以上に大きかったと思います。そうした周囲の空気感も相まって、私は、普通に見えている人生は終わったと感じました。

　当時働いていたレストランでの仕事は継続が困難になり、診断の翌年3月に辞職しました。その後、運転も接客も紙の文字を読むことにも支障があるのに手帳取得基準には満たないという状態で転職活動を始めました。拡大読書器等があれば仕事ができると言っても高額な機器導入への助成は得られないこともあり、求人先にはほとんど相手にされないまま日々が過ぎていきました。幸い過去の経験を活かしてホテルの音響照明管理のアルバイトに就くことができましたが、自立した生活を送りたいと考えていた私は、アルバイトをしながら京都ライトハウスや

京都市内の就労相談所に通いました。診断を受けて
から約1年半後に障害者手帳を取得するに至りまし
たが、それまでの間は無力感を嘆いたり、自暴自棄
になったり、自身の中で苦しい期間でした。

　手帳取得からほどなく、京都ジョブパーク内の障
害者窓口「はあとふるコーナー」を通じ、職業実習
をさせてもらいながら就労先を探すことになりまし
た。視覚障害を含めた障害者雇用支援を行っている
このコーナーに通い、まずは職務経歴書の書き直し
を行いました。見えていた頃の自分にはできたけど
今の自分にはできないことも数多くありましたので、
経歴の中で今の自分でもできるであろうことを整理
しながら作成していきました。はじめは今できるこ
との具体的なイメージが湧かず、この作業には時間
を要しました。しかしそれは、見えにくい自分とし
て働いていく上で大事な時間となりました。

　そうして臨んだ1か所目の職業実習先では、自分

と近い見え方で実際に働いておられる方の様子を見学させていただき、使用している機器やソフト、担当業務の具体的内容、どのような部分で配慮を受けているのかについて知ることができました。2か所目の実習先では、無料の音声読み上げソフトNVDAのインストールについて事前に相談し、実習当日は実際にパソコンを用いて書類編集に挑戦しました。パソコン画面の確認には音声ソフトとパソコン内蔵の拡大鏡を、紙を見るためにはルーペを使用しました。作業の合間に会社のビルを歩かせてもらい、移動に支障が出る箇所や、目の休憩が効果的であることなども発見しました。また3か所目の実習先の会社から人事担当者が見学に来てくださり、実際にどのような働き方をするのかを見ていただきました。

　3か所目の会社では、職務のインターンシップを兼ねて3度にわたり実習を行いました。京都ライトハウスから一時的に拡大読書器の貸出しをしてい

ただき、その有無による仕事量の差を体験し、配置や動線に必要なスペースも確認しました。実習では毎回ジョブサポーターの方が傍らで作業の様子をチェックされ、私自身が気づかない部分について助言してくださり、眼疾対策としての休憩の間隔の確認、できることできないことの選別などを行いました。はあとふるコーナーの営業担当の方からも、面談や継続雇用のための環境づくりのサポートをしていただきました。拡大読書器については、高齢・障害・求職者雇用支援機構を通じて貸出しや助成制度を利用できることになりました。こうして実習を積み重ね、３か所目の実習先が就労へとつながりました。面接を経てそのまま実習先の部門に配属となり、現在に至っています。

　就労後も、困難を感じる場面に遭遇することが何度もありました。まず直面したのはコミュニケーション上のさまざまな課題です。相手の表情が読み

とれずとんちんかんな受け答えをしてしまったり、自分が話しかけられたと気づかず通り過ぎてしまったり。会話の中のこれ、あれといった「こそあど言葉」にもうまく対応できず、自然と言葉がくどくなってしまうので、発言は必要最低限に留めた上で、その指すものが何なのか具体的な言葉を返して確認することを心がけるようにしました。また、業務指示は書類を使って受けることもあります。そんな時には拡大読書器のあるところに来ていただいたり、事前に時間をもらい、一読してから指示が受けられるよう配慮をお願いしたりしています。コミュニケーションのほかにも難しさを感じているのが、作業の時間管理です。仕事に慣れるに従い、繰り返し行う作業であれば目を閉じたままでも行えるようになりますし、探し物も場所を覚えればスムーズに見つけられるようになります。しかし不慣れな作業を行うことになったりミスに途中で気がついたりした時な

どは、晴眼者の3倍、5倍と作業時間が膨れ上がっ
てしまいます。ある程度自分の裁量で時間配分がで
きるよう、自分にできる作業か否か冷静に判断する
とともに、必要に応じて助けていただきながら日々
業務に取り組んでいます。

　こうして働く中、ある時次のような考えが浮かん
できました。私の見えにくさが、老眼や怒りっぽさ
などと同じように、自然な変化や性格といった個性
のほんの一種として見てもらえたら。もし次の瞬間
から、出会い関わる人のすべてが、私の見えにくさ
に対して偏見や特別な感情を抱かずに接してくれる
ようになったら。その時、私はどのような生き方・
働き方ができるだろう。試しに思い込んでみました。
幸運なことに次に接する人だけは、私の見えにくさ
を気にせず接してくれるんだと。

　結果は予想外なものでした。そもそも私が不安に
感じていたような偏見を抱く人たちは、彼らから私

に関わってこられることはなかったのです。つまり関わる人との会話や意思疎通がうまくいかないのは偏見のせいではなく、相手が私の見えにくさや対処の方法を知らないためであり、そのどちらも私から相手に知らせることで解決できるということがわかってきたのです。私自身も、他の個性を持った人たちの気持ちや必要な配慮についてはほとんど知りません。同じように、私の前にいる人もただ知らないだけなのです。そう思い至った途端、私は恥ずかしくなってきました。自分は他の人たちの抱える個性について知ろうとしないまま、自分が理解されないと悩んできたことに気づいたのです。

　職場ではさまざまな人が同じ空間で仕事をしています。怒りっぽい人もいれば、おとなしい人もいます。よく周りが見えている人もいれば、自分の作業に没頭する人もいます。怒りっぽい人への対処の方法を知っている人は、相手を怒らせずに接すること

ができます。作業に没頭する人への対処法を知っている人は、集中を邪魔することなく接することができます。見えにくさを抱えている人は数が多くないがために、対処法を知っている人も少ない。どうやらそういうことのようなのです。もし、次の瞬間見えにくさが完全に個性として受け入れられた社会になったとしたら。その考えは、私自身に一つの気づきをもたらしました。理解されないと嘆くより、理解を得るために自ら伝え、知らせることが大切であると。その気づきが、次の考えにつながりました。さらに大切なのは、自分も知ろうとすることであると。そしてその相互理解の先に、誰もが助けられる人から助ける人になり、必要な人として働ける社会があるのではないかと。

　かつて感じた「普通に見えていた人生は終わった」という思いは今もあります。しかし今の私にとって、それはもう絶望ではありません。見えにく

い自分として働き始めて4年目になる現在も、コミュニケーションには気を遣います。話しかけられたと思ったらその人の方へ顔や体を向け、一日に何度目であってもこちらから挨拶をするなど工夫しています。職場の方からも、声かけの際は名前を呼んでもらうなどの配慮をしていただいています。見たことのない書式の書類や、通ったことのない道、声を覚えていない人と接する時など、私の仕事はいつも不安と隣り合わせです。それでも書類の大雑把なフォーマットを見分けたり、どこに何があるかを把握した道を選んで歩いたり、足音やおおまかな仕草の癖で誰かを判別したりして、働くことができています。見えていた昔とはまったく異なる方法をひとつずつ身につけ、今の目に映る情報と五感を活用して、行動することができています。新しい仕事を覚えようとする際は時間がかかり不安も感じます。一人ではできない作業もありますが、それを認めて助

けを求めることと自身の力を活かすこと、その両方が機動力となって次に進んでいけると思います。見えていようがいまいが、すべてを一人でこなせる人はいないでしょうし、新しいことに取り組む時には、誰もがきっと不安を感じるはずです。見えにくさにとらわれることなく、他の誰もと同じように人の助けを必要とし、不安を感じながらも工夫を重ねて自らの手で新しいことに取り組んでいく、そんな働き方を諦めずに続けたいと思っています。ブレーカーが落ちた時、自分の五感を頼りに外に出て、周囲に助けを求め、再び明かりがついた時に感謝する。それがきっと、見え方と関係なく働ける社会と自分をつなぐ光になると信じて。

江守　雄至 (えもり　たけし)
1989 年　京都市生まれ
2012 年　大阪のイベント会社に就職

2014 年　イベント会社を退社後飲食店にて勤務

同年　緑内障の診断を受け、京都市に帰郷

2015 年　飲食店退社

2016 年　身体障害者手帳取得

2017 年　営業事務として商社に就職、現在に至る

理解を深める基礎知識④

「手引き」って？

多くの視覚障害者は慣れた道なら一人で歩けるとはいえ、やはり見かけた時には一緒に歩いてもらえると安心です。視覚障害者と一緒に歩いて安全に目的地へ誘導することを手引き（またはガイド）といいます。

「具体的にどうすればいいのかわからない」という方は、p.287 の「手引きの仕方」をご参照ください。

転んでもタダでは起きない
Let's enjoy Low-vision life！

山田　みのり

　私はハウスメーカーに勤務する 40 代の女性です。クリスタリン網膜症という進行性の病気で、現在の障害等級は 2 級です。病気の発症は 20 代の終わり頃でした。2 人目の子供が生まれた時には自覚症状がありましたが、進行性の網膜疾患という診断を受けたのは、それから約 10 年の後でした。さらにその数年後、障害者手帳の交付を受けた私は少しでも見えているうちにという思いから、40 代前半で転職に踏み切り、現在の会社に障害者枠で入社しました。というわけで私は社会人になってから、障害者となり、子育ても転職も経験し、病気の進行を感じながらも小さなチャレンジを積み重ね、現在も就労を継続できています。今そのことを振り返り、大変

感謝しております。

　現在の私の見え方は色覚異常・夜盲・羞明<ruby>しゅうめい</ruby>などが
あり、特に視野の中心部分が欠けています。中心視
野はほぼゼロで、ちょうど視野の真ん中辺りにたく
さんの雲がかかっているように見えます。映画館の
大きなスクリーンやテレビの映像はわからないのに、
スマホは小さな画面を見て使えるし、写真も小さい
ものはどうにか見えます。それで見えていると思わ
れることも多いのですが、向き合っている方のお顔
は容易に識別できず、人の姿がまったく認識できな
い場合も多々あります。そのため挨拶は上手くでき
ていないと思います。周囲の方々と同じ景色を見る
ことができないため、何気ない会話で食い違いが生
じることも少なくありません。しかも外見的には他
の人と変わらないため、私のことを視覚障害者だと
気づかない方々をいろんな場面で不快にさせてし
まったり、こちらがつらい思いをすることもたくさ

んありました。視覚障害をカバーするための努力や
工夫と、周囲の理解が反比例するジレンマに悩んだ
こともありました。こうした基本的なコミュニケー
ションの行き違いが、職場においては不信感につな
がったり、業務に悪影響を及ぼしたりしても不思議
ではありません。

　入社１年を過ぎた頃、私はそんな不安を解消すべ
く、大胆な行動をとることにしました。それは私の
朝礼当番の時のことでした。私は100人を超える
皆さんの前で、自分の障害を大きな声で説明したの
です。コミュニケーションに影響する障害を抱えて
いることをなかなかわかってもらえない中で業務を
こなしていくには、社内の皆さんに障害のことを伝
え、ちゃんと知っていただく必要があると考えたか
らです。とは言え、今の時代にも障害者差別はあり
ます。私自身も経験しました。誰もが好意的に受け
止めてくれるとは限らないと思いながらそうした行

動に出ることは、とても勇気が要りました。ガタガタと震えながら話したのを、今も覚えています。いざ話し始めると、辺りは静まり返り、真剣に聞いてくださっている空気を感じました。その後何人もの方が声をかけてくださいました。驚いたという声に交じり、嬉しい感想もいただきました。全員が出られていたわけではありませんでしたが、その朝礼を境に、見えにくいことが原因の行き違いは明らかに減りました。そして「見えません」の一言が言える安心感は、日々抱えていた緊張も軽減してくれました。

　職場では、地域限定事務職の中途採用という珍しいパターンの入社のせいか、会話の中でいろいろな質問が飛んできます。「今までにもどこかで働いてたの？」「どうやってこの会社に入ったの？」「他にも採用してくれそうな企業はあったんですか？　それは大企業ですか？」等々。私は担当業務において、

それまでのメーカーでの経理や会計事務所勤務での経験も、その業務のために個人的に学習してきた知識も生かすことができていると思っています。それがわかるのは同じ部署の数人の方だけなので、他の方が素朴な疑問を抱くのも無理はありません。でもそういった質問を受ける度、私はどこか肩身の狭い気持ちを感じていました。「ほとんど見えなくなる」複数の病院から繰り返しそう診断されて以来、私は自信をなくし、精神的な安定を保つのが精一杯でした。何をどうしたらこの状態から抜け出し、前向きな気持ちを取り戻せるかといつも考えていました。そんな時、周囲の方々を見回し、思ったのです。私も皆と同じことをして対等に認められたい！役に立ちたい！そのために必要な資格をどんどん取っていこう！　そう決心しました。

　目を凝らしてテキストを読む作業は、晴眼者の何倍もの時間がかかります。眼精疲労もきつく、連続

して読める時間も限られています。そこで私は、テキストはほとんど使わず代わりに耳を使うようにしました。それまでに資格取得のために身につけた知識や実務経験をベースに、インターネットで過去問を探して音声読み上げで聞き、無料動画も活用しました。まったく知識のない宅建試験に向けた学習は大変厳しいものがありました。試験当日は障害者対応をしてもらい、時間延長の措置をとっていただきましたが、時間内に読み切り、解答し切ることができない試験もありました。

　そんな中、結果はFP（ファイナンシャルプランナー）３級・２級、建設業経理検定３級・２級・１級（財務諸表・財務分析）、宅建とテンポ良く取得！次の目標は建設経理検定１級（原価計算）です！　こんな具合に、小さな目標を設定して楽しんでいます。資格を手に入れるとともに、自分への自信を取り戻したことが何より大きな収穫でした。

そしてもう一つ、宅建合格から１年後、思いもしなかった嬉しいことがありました。その年の宅建試験を受験され、自己採点で手応えを得たという先輩社員の方に「おめでとうございます！」とお伝えしたところ、前年の私の合格に刺激を受けたという趣旨のお返事をいただいたのです。私にとってこの言葉は本当に嬉しいものでした。

　入社から４年が経った頃、それまでの資格取得に加えて社内試験を受け、約半年間の審査を経て総合職へ職群転換を果たしました。さらにその１年後には主任に昇格することができました。当然、周囲の目は厳しくなりましたが、やりがいを感じています。

　昨年は、32社で構成された団体による障害学生向けのキャリアセミナーにも先輩社員として参加しました。参加者のうち視覚障害は弱視の方が２名、全盲の方が１名で、皆さん大学２回生でした。これから社会人になる学生さんや参加企業の人事担当の

方々とのディスカッションは、ソフト面のバリアフリー化を感じる有意義な機会となりました。何より、私たちが試行錯誤しながらコツコツ働くことが、若い世代への道につながることを再認識でき、励みになりました。こうした就労経験を生かしたいと、就労相談人材バンクへも登録いたしました。メンバーの一員として、微力ではありますが自身の経験をお伝えできればと考えています。また、ユニバーサルデザインのモニター調査にも2回参加し、たくさん意見を出させていただきました。ダイバーシティという言葉を頻繁に耳にする今の時代、ソフト面・ハード面のバリアフリーの加速化があらゆる場面で求められています。そんな時代、晴眼者と視覚障害者、両方の立場を経験した私達だからこそ出せる意見や、理解できる双方の声があるのではないでしょうか。障害は個性であり、強みであり、ニーズのある時代になりました。

私の目は年数を重ねるごとに見えにくくなっていますが、今更ながら驚いていることがあります。それは、診断を受けた頃にイメージしていた視覚障害者の生活と、現在の私自身や周りの視覚障害者の方々の生活が、あまりにかけ離れているということです。私の場合、少しずつ見えにくくなっていく中タイムリミットを意識することで、今を大切に思い、盛りだくさんの充実した日々を過ごすことができています。きっと、障害を発症していなければ「またいつか」と何でも後回しにして、年齢だけを重ねていたのではないかと想像します。普段の生活でも、やってみたいことは後回しにせず何でもやってみるスタンスで、音楽ライブや吉本の劇場通い、クライミングに海外旅行と、積極的に行動しています。そんな私が最も大切にしてきた家族との関わり、特に子育てにおいても、私の視覚障害の発症、進行が大きなプラスになりました。外見的にわからない障害

を抱えた私が、誤解を受けたり、悔しい思いをしたり、逆に理解された時や、さり気ない気配りを感じた時の喜びを、子供達はすぐ近くで目の当たりにしてきました。私に障害があったからこそ、子供達は知らず識らずのうちに思いやりの心や洞察力を養うことができたように思います。

　将来に視線を向けると、そこにはもう一つの夢が広がっています。今の仕事を限界まで頑張ったら、その後視覚支援学校で鍼灸を勉強し、美容鍼灸・マッサージといった、女性を対象にした美容やリラクゼーションの仕事をしたいと考えています。実は高校生の頃の私の夢は鍼灸師になることでした。その頃は、まさか自分が将来視覚障害者になるなんて想像もしていませんでした。当時は鍼灸の学校の学費は高額で手が届かずに諦めました。それが視覚障害者になったことで、視覚支援学校で鍼灸やあん摩を勉強できるチャンスを得たのです。これは想定外

の幸運でした。見えなくなるという診断は、私がか
つて選ばなかった夢を、もう一度人生の先にもたら
してくれたのです。

　私の視覚障害の進行は、現在の医療技術では止め
ることも遅らせることもできません。けれど、そん
な自分を生かす方法はたくさんあると感じています。
これからも、この個性を生かし、ロービジョンライ
フを楽しんでいきます。

山田　みのり（やまだ　みのり）
クリスタリン網膜症　障害等級2級
ハウスメーカー勤務
家族は夫、長女、長男、犬

最低から発信する就労支援者を目指して

O（ゼロ）

　私には何もない。スキルも、取り柄も。何をやってもうまくいかず、就職も挫折ばかり。いつも他の人を見ては落ち込んできました。

　この書をお読みになる皆様へ。どうか、そんな人生を送らないでください。

　盲学校ではパソコンばかりやっていた私。本当はプログラマーになりたかったのですが、親や先生から「手に職をつけた方がいい」「視力的に企業でのデスクワークは難しいのでは」そう言って強く勧められたこともあり、三療の道へと進みました。でもやはり授業には興味が持てませんでした。出席日数が足りず留年、なんとか資格を取得して、ようやく卒

業。その後家庭の事情もありすぐに働き出したものの、どこか身の入らない日々でした。なぜ「視覚障害＝三療」なんだ、好きでもやりたいわけでもないのに。やり場のない思いを抱えたまま、治療院や接骨院を転々としました。

　自分の好きな道へ進みたい。諦め切れない夢に向かい、29歳の時、思い切って「脱三療」を目指し、盲学校の情報処理科へ入学し直しました。Windowsを基礎から学び、Officeやweb構築、WordやExcelの検定を目指すなど盛りだくさんの授業を受けながら、1年生後半からは就職活動も始めました。30を過ぎて、私にとっては初めての、本当の意味での就職活動でした。

　しかし、ハローワークやサーナの就職フォーラム、企業面接をいくつ受けても、届くのは不採用通知ばかり。面接時間より早く行きすぎて担当者と間の悪い鉢合わせをしたり、真夏だったため上着を忘れて

面接に行ってしまったり、緊張しすぎてしゃべれなくなったり……。「なぜ三療を辞めてまで？」の質問に「嫌いだからです」と馬鹿正直に答えてしまったこともありました。振り返ると、くだらない失敗ばかりが心に蘇（よみがえ）ります。

　結局、卒業からしばらくして、私はまた三療の世界に戻りました。医療保険適用の訪問型治療院に勤めながら迎えた40代。積極的に人と会うことも少なくなっていました。もう、自分には良いことも、良い仕事もないんだな……。視覚障害者向け就労支援事業所ができたと聞いたのは、そんな思いで日々を送っていた時でした。私は治療院の退職を即決しました。そして2年間、その事業所に通うことになりました。

　そこで就労支援を受けながら感じたのは、まず、社会や企業の視覚障害への理解は、10年前からさほど進んでいないということ。視覚障害者にいった

い何ができるのかと、わからないしわかろうともしないという空気を何度も感じました。全盲者にはより高い壁がありました。

　そしてもう一つ、改めて痛感したこと。それは、私には胸を張って言えるような大したスキルも、経験もないということです。「あなたはなにができますか？」「なにがしたいですか？」その問いに答えられない私には本当に何もないのだと、問いかけの声が頭から離れなくなり、自分で自分を追い詰めるつらい日々でした。

　ようやく採用されたのは、ある障害者団体の事務職でした。遠距離通勤だったため「なんでそんな遠いところ、ほかにどこもなかったの」とよく言われました。何気ない一言に悪意はないとわかっていても、「痛いとこ突くなよ」などと笑える心境ではありませんでした。担当業務は点訳と電話対応。点訳は、市から委託された資料などを、パソコンを使用して

活字から点字にする業務です。ただ、作成していた情報誌はほんの一部の人だけが対象の、読まれているかどうかもわからないものでした。もっと人や社会に役立つことができればいいのに。自分は何をしているのか。生きているのがアホらしいという思いをどうしようもなく、気持ちは落ち込むばかりでした。

　勤めてしばらく経った頃、通っていた事業所が廃業し、利用者はバラバラになったと聞きました。悔しく、虚しい思いの時、この就労相談人材バンクができたことを知り、メンバー登録をさせていただきました。いろいろな方の話をお聴きするうちに、私の中でいくつもの思いが巡りました。

　それまでの私は、視覚に障害があっても公務員や大手企業に勤めたり、プライベートでも充実しておられる方が多い中、情報処理科を出てもうまく就職できなかった自分を周りと比較してしまい、だんだ

んと昔からの知り合いとも交流しなくなっていました。語学やスポーツにもチャレンジしましたが、身につくところまでには至りませんでした。仕事もプライベートも、私には人に誇れるものが何もない。そんな思いが私を独りにしていました。でも、何もできない自分だからこそできる支援があるのではないか。一緒に悩めるし、同じ目線でつらさを聴ける。支援から埋もれて困っている人、声にならない届かない思いに手をさしのべたい。この思いと、支援事業所での自身の苦い思いが重なり、次の自分への決意につながっていきました。

　「最低から発信する就労支援者」を目指そう。発信者の端くれはなんとかできる、まずそこからだと考え、動きだしたところです。やっぱりこのままではおもしろくない。ちょっとくらい意味のあることがしたい。

　できることが何もないなら、あちこち当たって後

は野となれ山となれの精神で、今はまた人と会ったり、習い事をするなど挑戦を楽しんでいます。視覚障害者が多数利用している事業所だけでなく、知り合いが開設している他障害の事業所でも内職作業を始め、今までと違った角度で他障害のことや働くということについて感じたり考えたりするようになりました。各々の作業所では、パソコンやスマホ、点字の講習を行ったり、他利用者様の就労相談に乗ったりもしています。好きな分野の知識や自分にできることを活かして誰かの役に立てるのは嬉しく、アドバイスすることを通して自分の幅も広がっていくのを実感しています。支援従事者やサービス管理者の講習会も受けようと考えています。

　一日も早く自分の描く就労支援の形ができればと考え、その一歩として、この最低からの発信をさせていただきます。

この書をお読みになった皆様へ。
どうか自分の望む人生を、自分に与えてあげてくだ
さい。そのためにどうすればいいのか、ともに考え、
ともに歩んでいきましょう。

0 （ゼロ）
未熟児網膜症にて視覚障害（ほぼ全盲）、軽度難聴
支援員・サービス管理責任者を目指し修行中
趣味はフェンシング（西洋剣術）

人間万事塞翁が馬

村木　正靖

　視力 2.0 ってどんな世界なんだろう――。

　幼稚園年少組の頃、「ほら、見てごらん」と言われても私は違った方向ばかり見ていたそうです。何かおかしいと思い、母親が私を眼科に連れていったのが始まりでした。強度の近視と乱視があり、弱視と言われて眼鏡をかけることとなりました。当時は今のように軽いレンズなどなく、牛乳ビンの底のような、幼稚園児にはいかにも重そうな眼鏡でした。落として割ったり、ぶつかってフレームを折ったり、しょっちゅう作り換えていたことを覚えています。

　親は公立の小学校では十分に学習できないのではないかと心配し、私立の学校に通わせてくれました。幼少の頃から身長は高い方でしたが、先生の配慮で

いちばん前の席に座らせてもらい、おかげで友達と何も変わらず小学校生活を過ごすことができました。今でも残念に思うのは、北極星以外の星を見つけることができなかったことです。「ジェットストリーム」のナレーションにあるような「満天の星をいただく果てしない光の海」を、一度は眺めてみたいものです。

　小学校高学年の頃から少しずつ視力が出るようになり、大学生の頃にはなんとか車の免許が取れるほどになりました。幼少の頃に言われていました弱視はもう改善したものと思い、大学時代の私は将来への夢と希望でいっぱいでした。まさか、再び視力を失う不治の病が私の中に潜んでいるとは想像もしていませんでした。

　私は、当時都市銀行と呼ばれていた銀行の行員として社会人デビューしました。今振り返ってみると、よくゴミ箱を蹴っ飛ばしていました。飲み会の後に

歩きづらいと感じていたことも、思えば病の兆候だったのでしょう。でも当時は、アルコールのせいだろうと信じていました。

　３年間の銀行勤務の後、私は学生時代の留学の経験を活かしたいと考え、伯父の経営する貿易会社に転職しました。時計や宝飾品、酒類の商品開拓や輸入業を手がけ、バブルの時代でしたので取り扱うものすべてがよく売れました。２か月に１度は海外へ出張し、毎日のように国際電話で交渉し、目の回るような日々を過ごしていました。この頃には懐中電灯が出張の必需品となっていました。また、トンネル内で見えにくくなるため、運転は止めていました。もともと視力に自信がありませんでしたので、それもこれも弱視だったせいかと思っていました。

　ところが、娘の３歳児検診の時のこと。家内は、私がどうも暗いところは見えていないようでよく蹴（け）躓（つまず）くと眼科に相談し、診断してもらう約束を取り付

けてきました。軽い気持ちで後日受診したところ、
「網膜色素変性症」の疑いと言われました。調べて
みると、治療法がまだないこと、徐々に悪化して失
明に至る可能性があること、遺伝と関わる可能性の
ある病気であることが判りました。しかしその当時
の私にとっては、どこか他人事のようでした。「自分
だけは失明することはあり得ない」と、何の根拠も
なく信じていました。家内はずいぶん悩んでいたよ
うですが、自分ではどうすることもできないことで
悩んでも仕方がないと、私はあえてそのことから目
を逸らし、相変わらず仕事に忙殺されて日々を過ご
しました。

　やがてバブルがはじけて会社の業績が落ちてきた
頃、親戚関係での問題が起こったことをきっかけに、
伯父の会社を辞めた私は父とともに新しく宝飾品の
卸の会社を立ち上げました。多くの得意先や仕入れ
先の方々の協力もあり、順調な出だしでした。国

内、海外を問わず動き回り、毎日遅くまで仕事をしていました。仕事をすればするだけ、動けば動いただけ成果となって返ってくるという実感がありました。当時は自分の目の病気のことなど忘れていたのかもしれません。ただ、サングラス、虫眼鏡、懐中電灯が三種の神器になっていました。また、この頃から歩いていてよく人にぶつかるようになり、柱などに眼鏡をぶつけて壊すようにもなりました。その度、眼鏡の処方がきちんと合っていないのだと思い、あちこちの眼鏡店や眼科を訪ね歩きました。それが思いがけず仲間との出会いにつながりました。その眼科の一つにKVSのパンフレットが置いてあったのです。

　KVS（きんきビジョンサポート）は、医療と福祉をつなぐという理念の下で活動しています。このKVSを通して、私は同じ病気をもつ仲間に出会いました。これは私にとって大きな出来事でした。その後、病

気が進行してもそれを受け入れる心の準備ができていたのはここでの出会いの賜物です。ここで出会った仲間とは、今でも年に何度か集まっています。

　電信柱や看板に度々ぶつかるようになった頃、いよいよ眼科医から白杖と障害者手帳の申請を勧められ、いきなり２級の障害者手帳を取得しました。ついに来る日が来たのだという感覚でした。白杖は、目の不自由な者にとって地獄に垂れてきた一本の蜘蛛の糸であり、体の一部でもあります。そして魔法の杖でもあるのです。よく、周りの目が気になって白杖はなるべくつかないという方がおられます。あえて下世話な言い方をしますが、白杖をついた方が人生三倍得をすると思います。よほど運が悪い日にはいやな目に遭うこともありますが、それにも増して多くの親切にふれることができます。私は白杖を持つようになったおかげで、街には親切な人々が溢れていることに気づくようになりました。もし私の目

が不自由でなかったなら、こんなに多くの親切に気づくこともなかったでしょう。逆に私の目が良くて、白杖をついている人を見かけたなら、親切に声をかけていたでしょうか。考えさせられます。

　少人数で回していた会社は、私の行動に制約が出てくると、営業にも支障が出てくるようになりました。その一つが海外からの仕入れでした。宝石を扱っていましたので、どうしても現物を見てみないと判断はできません。海外からの仕入れをすべて国内調達に切り替え、私が判断するのではなく、担当者や販売員が見て仕入れを判断できるようにしました。私が移動しなければできない仕事も、従業員に任せるようにしていきました。多くの中小零細企業がそうであるように、代表者が旗を振って先頭に立ち動かしていかないと、資本力のあるライバル会社に食われてしまいます。その場その場の瞬時の決断が、小さい会社の強みです。目の病気が進行すると

ともに、どうしても現場へ出向いたり、仕入先を訪問したりする頻度は減り、新規先開拓や新商品開拓が以前ほどうまくできずに会社の業績も少しずつ落ちていきました。この頃の私は、土曜も日曜もほとんど休みなしで働いていました。自分にハンディキャップがある分、人の三倍働いていい加減だと思っていました。また、経営哲学や成功哲学の本を読みあさりました。京セラの名誉会長である稲盛和夫氏の経営哲学に魅せられ学んだのは、会社経営には理念が必要であるということ。そして、会社の存続意義は「全社員の物心両面の幸福の追求にある」ということです。逆に言うと、社員に幸福を与えることができなくなった時には、会社存続の意義はなくなるということなのです。このことが、その後の私の考え方に大きな影響を与えました。

　経営に苦しんでいる時、それに追い打ちをかけるように新規で開拓した得意先が突然倒産しました。

委託販売をしていましたので、最終的にはすべての商品が返却されて実害はありませんでしたが、片づくまで数か月を要しました。悪いことは続くもので、仕入れを任せていた営業部長の横領が発覚しました。取り扱っている商品は換金性の高いものばかりです。最初は5年間もの間、出張時に展示会で売れたように伝票操作をしてごまかしていました。そのうち堂々と金庫の中の商品を持ち出して換金するようになりました。私の視力が落ちてきたのをいいことに、このようなことをしたのかどうかはわかりません。ただ、私に隙があったことは事実です。従業員にそのような罪を作らせたのは私の責任です。これはすべて私が悪いのです。

　信用していた者に裏切られ、ショックではありましたが、同時に自分の進むべき道の「兆し」を知ることになりました。よく人生、上り坂と下り坂があると言われますが、人生はまるで運命のエスカレー

ターに乗っているようなものだと私は理解していま
す。上りのエスカレーターは上昇気流です。やるこ
となすことすべてうまくいきます。逆に下りのエス
カレーターに乗っている時は、上ろうとしてもどう
にも進むことができません。そういう時にはあえて
坂を上ろうとせずに別の道はないかと探し、その道
に行くための準備をすればよいと思います。

　よく「引き際」ということが言われますが、この
まま会社経営を続けていくことが社員のため、得意
先及び仕入れ先のため、ひいては自分自身のために
なるのかと自問自答しました。M&Aでどこか会社
をすべて引き受けてくれるところはないかと探した
り、同業者の社長にこっそり打診してみたりもしま
したが、借金の多い会社に触手を伸ばそうと考える
経営者は見つかりませんでした。やむなく私は時間
をかけて会社の規模を小さくしていくことにしまし
た。社員はできるだけ自然減で補充せず、最終的に

は納得して得意先へ移ってもらったり、退職してもらったりして会社を閉めることにしました。

　借金が多いから会社を閉めるにも閉められないと言われる中小企業の経営者がおられます。借金苦に絶望される会社オーナーがおられます。私の場合はほぼ全盲となり、やむなく会社を畳まざるを得なくなりました。借金もずいぶんありました。しかし、どんなことがあろうとも社員やお世話になった業界の方々に迷惑はかけられないという思いでした。強い思いがあれば、窮地にあってもなんとか進んでいけるものです。

　会社を閉めた時には、まさか翌年に、世界中がこんなコロナ禍に見舞われるとは想像もしていませんでした。もし今も会社経営を続けていたなら、多くの方に迷惑をかけていたかもしれません。そう考えると背筋が寒くなります。得意先の倒産を経験したからこそ、業務上の横領を受けたからこそ、また障

害の度合いが進んだからこそコロナ禍の前に会社を閉めることができたのです。何が不幸で何が幸運なのかわかりません。

　2019年4月から、私はあん摩・マッサージ師になるために、大阪北視覚支援学校へ通っています。理療の世界は今までとはまったく別世界です。目に障害があるからこそ、新しい世界へ飛び込もうと考えることができました。そしてこれから、新たな人生に踏み出すことができるのです。今後は利益を追求するのではなく、人に喜んでもらうことを追求していきたいと思っています。

　どんな状況下でも、決して失望する必要はありません。自分で道を選び、勇気を持って楽しみながら進んでいけば、自分の周りの世界が変わってくると実感しています。たとえ何が起ころうとも、「人間万事塞翁が馬」。2.0の視力があったなら、おそらく見つけることはできなかった新しい世界への扉が開く

ことに今、ワクワクしています。

村木　正靖（むらき　まさやす）

1960年　兵庫県生まれ

1983年　当時、都市銀行と呼ばれていた銀行の一つに入行

1986年　父、伯父の経営する貿易会社へ入社、時計宝石及び酒類の輸入業務に携わる

1992年　自身の目の病名「網膜色素変性症」を知ることとなる

1995年　宝飾の卸業を営む株式会社を設立

2005年　KVSと出会う。セルフヘルプグループに参加

2007年　身障者手帳2級取得

2008年　働く視覚障害者の会「HOTPOTの会」のスタッフとなる

2018年　身障者手帳1級取得

2019年　会社を廃業

現在、大阪北視覚支援学校へ通う

視覚障害者と一緒に働こう② 〈声かけ編〉

　複数の人がともに働くために欠かせないのがコミュニケーションでお互いを理解すること。本書でも多くの方がその大切さを語っておられます。

　とはいえ、見えない相手に話しかけるのはちょっと勇気が要るもの。誰かいるのかどうかさえわからない場合もあります。ここでは、見えている人にお願いしたい「声かけ」のポイントをご紹介させていただきます。

■企業の方必見！こんな時はぜひ声かけを
1. 困った顔をしている・きょろきょろしている

　「困ったことがあったら何でも訊いてください」と言われても、今誰かいるかな？人の気配はするけど話しかけてよい状況かな？とわかりにくいのが視覚障害者。困った様子を感じた時はぜひ「どうかしましたか？」と声をかけてみてください。

2. エレベーターで……
　「右が来ましたよ」「一緒に乗りましょう」「混んでます
が乗れますよ」「何階に行きますか？」等
3. お手洗いで……
　「手前が空いてますよ」「ここが列の最後尾ですよ」等
4. 会議室や休憩室で……
　「空いている席まで一緒にいきましょう」等

☆ point!
　声かけの際は、「〇〇さん、おはようございます。□□
です。よいお天気ですね」等名前を言っていただけると、
誰に話しかけられたのかということと自分が話しかけら
れたということがわかって会話が弾みます。

　本書のページの随所にちりばめられているコミュニ
ケーションの工夫と併せて今後の相互理解の一助として
いただけましたら幸いです。

第3章　就労継続

～見えない・見えにくくなっても同じ職場で仕事を続ける～

せっかく視覚障害者に なったのだから

吉川　典雄

「もう、ここへは戻れない」

　自らの目の症状を上司に伝え、休暇を申し入れた後、本社ビルを出て振り返った私はそう覚悟した。通い慣れた私の職場は、春の空気にぼんやりとかすんで見えた。新年度の異動で事業部の企画室長を拝命したが、度重なる出張と深夜に及ぶ資料作成。私の目は、既にその激務に耐えられる状態ではなくなっていた。PC画面のような明所はホワイトアウトし、照明の少ない暗所はブラックアウトする。資料の細かな文字や同僚の表情も判読困難に。仕事のパフォーマンスは落ち、ストレスを生じ、それがまた症状を悪化させるという逃れられない悪循環。数週間にわたって睡眠障害に陥っていた私は、大切な

会議の席上、プロジェクターの光が眩しくて不用意に目を閉じてしまい、一瞬意識を失った。年配の工場長からの容赦ない叱責。それが私の「覚悟」の直接のきっかけだっただろうか。

　あれから十数年が経った。医療的にはさまざま手を尽くしたが、生来の高度近視に緑内障が合併した私の目は、今では光や影しか判らない程度にまでなっている。日常生活の質でさえ、視力の低下とそれを補う訓練のせめぎ合いの狭間で常に揺れ動く。でも、あの時の覚悟に反して、会社を、仕事を辞めなくてよかった。定年を過ぎた今、しみじみとそう思う。

　はたして仕事を続けられるのか。方向を見失い、難破船のように打ちのめされていた当時の私を、一条の光をもってその名の通り暗闇の向こうから行く手に導いてくれたのが、京都ライトハウスだった。当事者である先達、そして彼らを取り巻く支援者。

そこで幾多の素晴らしい人たちに出会うことになる。

「よくここに来ていただけました」

障害者福祉施設に対する閉鎖的という先入観とは裏腹に、明るい印象のフロアで、京都府視覚障害者協会（京視協）の相談員や鳥居寮の訓練士の人たちは、私と妻をやわらかく迎え入れてくれた。まったく視覚障害者の仕事のイメージがなかった私は、その人たちから、白杖を用いて自力で安全に通勤すること、拡大読書器やPCのスクリーンリーダーを用いて文書を読み書きすること、それらによって会社を辞めずとも仕事を続けられる可能性があることを知らされる。当事者ならば、誰もがしている「普通」のことなのだと。意欲さえあれば、支援する制度や機器は用意されているのだと。

　それならば、可能性があるのならば、自らのため、そして家族のため、なんとか会社に戻ろう。文字どおり、私の手探りの復帰戦が始まる。まるでテンカ

ウントまでにファイティングポーズをとらなけれ
ばKO負けを宣告されるよろめくボクサーのように。
障害者手帳を取得し、歩行訓練を受け、補助機器を
手配し、その上で会社の人事と交渉し、仕事への意
欲を示す。妻と二人三脚の悪戦苦闘が続いた。

　３か月後、はたして私は、職場への復帰を遂げる。
そこは、本社機能部門で特許などの知的財産を扱う
部署。これまでの技術系の知識を活かせる、以前に
事業部門でマネジメントを担当した経験もある仕事
だ。配慮された人事ながら、それゆえ同僚も過去の
私を知る者たちばかり。地に落ちた私の境遇を知り、
投げかけられる驚きとも憐れみともいえない視線が
痛い。そんな環境で、ともかくも私の第二の仕事人
生が始まることになった。

「うちの会社って、優しい会社だよね」

不安と焦燥に駆られて出勤した新しい職場で、先輩
からかけられたこの一言は、私の心を一層乱した。

私が勤める会社は、オムロン株式会社。主として制御機器を扱う電機メーカーだ。創業者・立石一真の先見性によって、高度成長期にオートメーションの時流に乗り発展を遂げた。当時としては画期的な福祉工場「オムロン太陽」を設立するなど、「公器性」を経営理念にうたう。しかし、そんな障害者福祉に理解のある会社にとってさえ、視覚障害者、とりわけ中途障害者となれば、扱いに戸惑うことになるはずだ。何ができるか戸惑いつつもとりあえずは受け容れる、「優しい会社」とは、そんな慈悲深い会社という意味なのだろうか。私の方も「会社に甘えている」と、後ろめたさが無かったといえば嘘になる。それでも何かできるはずだと、ジレンマと組み合う日々が続いた。

　私が仕事に復帰した頃、娘はまだ小学生だった。ある日、彼女は一冊の文庫本を差し出し、私に読んでみろと促した。その本とは、『星の王子さま』。中

学生の頃、英語訳のテキストとして読んだことは
あったが、その内容は記憶に残っていなかった。こ
の童話とも寓話とも、あるいは時として哲学書とも
いわれる作品を音声図書で読むなかで、私は衝撃的
な一節に出くわした。それは、狐が王子さまとの別
れに知恵を授ける場面。
「大切なものは目には見えない」
もちろん、これは単なる視力の問題ではないことは
明らかだ。しかし、著者の意図がどこにあろうが、
この言葉は三十数年の時を超えて新たな啓示的な含
意を伴いながら私に降臨した。人は人生で言霊とも
いえるものに震撼し、畏怖する瞬間が一度はあるも
のだ。娘が意図したのかどうか定かではないが、彼
女からの贈り物は、障害を抱えることになり悶々と
した日々を過ごしていた私に、それまでのほのかな
導きの光を鮮明に見せてくれるものとなった。以来、
私は視力に由来する絶望感に苛まれるたびに、その

命題の対偶を心のなかで繰り返す。「目に見えるものに大したものなどない」のだと。

　憤怒、怨嗟、羨望……。津波のように非周期的に襲来する負の激情も、自ら平常心に収める術を少しは学んでいった。ぎこちない職場での立ち居振る舞いも、役割を見いだすにつれ、次第に自然なものになっていった。周囲も必要なサポートを必要な時にしてくれる、ある種の「慣れ」が形成されていったように思う。また、歩行時の衝突により何度か白杖を折られた通勤ラッシュの京都駅でも、見知らぬ人たちが私に声をかけ、手を差し伸べてくれるようになった。

　以前はよく、「失くしたもの」を数えていた。例えば「口ほどに物を言う」はずの目。私は視線による意思や感情の伝達手段、アイコンタクトを失った。また、人には絶対見せられない自分だけの記念の手紙や写真。手元にあっても見ることのできない、ス

イートメモリーズを失った。そして、若い時からの
いくつかの趣味。絵画、囲碁、サイクリング……。
しかし、今では「失くしたものはあるけれど、得ら
れたものもあるのではないか」という問いに答える
ことができる。それは、「人の善意、人との絆」だと。
　多くの人に助けられた。もし障害者にならなかっ
たとしたら、世の中にこれほどの無私の善意や利他
の絆が溢れていることに気づかずにいたに違いない。
不幸せも幸せも、数えれば増える。もう失くしたも
のに恋々とすまい。人生にとって、かけがえのない
「大切なもの」があるのだから。
　「せっかく視覚障害者になったのだから」
最近、折に触れよくこのフレーズを口にする。ごく
自然に出るそれが、意外にも聴く人の内面に深く浸
透していくことに、当の本人が驚く。
　数年前、会社で知的財産の管理を中心とした業務
に加え、新入社員などへの教育研修も担当する機会

があった。それまでも総務の計らいによって社内で
「視覚障害者の手引きセミナー」は開催していたが、
知的財産関連の講義は私にとって一つの挑戦でも
あった。既存のテキストを自分が説明しやすいよう
にアレンジし、伝えるべき重要なステートメントは
暗唱する。その準備には人一倍時間を取られること
になった。「視覚障害者が社内研修の講師をする？」
受講生は一体どう感じるのだろうか。不安のなかで
の初めての登壇。でも、それは杞憂だった。手を挙げ
てもらう代わりに拍手をしてもらう。まとまった文
章は順番に読み上げてもらい、随時質疑応答やコメ
ントを交わす。そのなかで、受講生が講師をサポー
トしようとする意識が働くのだろうか、研修への参
画の姿勢が次第に前向きになるように感じられる。
特に新入社員には、自ずと会社のダイバーシティへ
の取組みが実践として理解され、強い印象をもって
記憶に刻まれる。そこには、視覚障害者の講師なら

ではの効果がもたらされたに違いない。

　それらの経験を踏まえて、私は社外でも視覚障害者の就労を支援するセミナーやフォーラム、研究会などでの講演依頼を受けることになった。ソーシャルインクルージョン——すべての人々を孤独・孤立・排除・摩擦から援護し健康で文化的な生活の実現につなげるよう、社会の構成員として包み支え合うこと。これが私の主題となっていった。障害当事者の生の声は、その理念に関心を寄せる聴衆の心に共鳴する。さまざまな場面で出会う老若男女の個性溢れる同志たちは、今や私にとってかけがえのない宝となっている。彼らとの懇親の場は、苦労話も笑い飛ばせる何物にも替えがたい一時だ。

　また社内での新たな取組みとして、各種サイトの情報アクセシビリティの評価や、一般消費者向け商品のユニバーサルデザインにも参画している。同じ企業グループで働く視覚障害者に声をかけ、これら

のプロセスに加わってもらうことによって、当事者にも会社にも思いがけない価値を産み出す。かつての技術者としてのアイデンティティさえ甦る瞬間が、そこにはある。さらに、理系の学生に行うユニバーサルデザインに関するワークショップ形式の授業も楽しみとなっている。私の子供よりも歳下の学生たちとの交流は刺激的で、彼らの発想力の新鮮さに毎回驚かされている。

2019年7月、私は37年間勤めてきたオムロンでの定年にあたり、京阪奈の研究開発拠点で記念講演をさせていただいた。題して、「見えない私にとってよいことは世界にとってよいことだ〜社会貢献から価値創造へ〜」。障害者となった十数年前のことを振り返るに、このような形で会社人生の節目を迎えられたことは、まさに感無量というほかない。今後も嘱託社員として企業の社会貢献と価値創造に取り組めることの幸せを感じている。

ここに、あの時のほのかな「一条の光」のことを思い、拙稿を終える。私を導き、励まし、共感してくれたすべての人々に、そして私と共に歩んでくれた妻に、心よりの感謝を込めて。

吉川　典雄 (よしかわ　のりお)

オムロン株式会社 知的財産センタ勤務
1982 年　立石電機（現：オムロン）に入社
産業分野の商品／技術開発・事業企画に従事
2008 年　緑内障と高度近視のため視覚障害 1 級となる
以降、本社知財部門で知財戦略・制度・教育などを担当
関係会社とともに、障害者就業支援やダイバーシティ推進の活動にも従事
2019 年　定年退職、同社で役付常勤嘱託
公益社団法人 京都府視覚障害者協会 職業部 協力員
社会福祉法人 日本視覚障害者団体連合 弱視問題対策部会 委員
日本ソーシャルイノベーション学会 発起人・会員
2016 年　公益社団法人 NEXT VISION 主催の isee!
　"Working Awards" で「日本財団ビジネスプラン賞」を受賞
京都市太秦在住
趣味は囲碁・タンデムサイクリングなど

障害に応じた配慮を土台に

西口　嘉高

　私は網膜色素変性症で、15年ほど前から視野が狭くなり、見えづらさを感じるようになりました。少しずつ中心視野が欠けていき、今では文字も人の顔も見えません。また先天性の下肢障害があって足に装具をつけており、移動時には松葉杖か車いすが必要です。そのため白杖を持つことができず、知っているところ以外では、一人で移動することも難しくなってきました。そのような状況でも、私は在宅勤務を取り入れ仕事を続けています。私の勤務先はダイバーシティを推進している外資系の企業で、在宅勤務制度も早くから導入していました。入社以来、勤務を継続してこられた背景には、障害の状況に応じて実施していただいたさまざまな配慮がありまし

た。障害の有無にかかわらず誰もが働きやすい環境と、その分実力を重んじる社風の中、私はこれまで、そして現在もやりがいをもって仕事に臨んでいます。

　私の仕事はコンピュータのエンジニアです。主な業務は製品の障害対応、つまり不具合の修正や改善の実施です。また、お客様からの問合せについて調査、検証し、回答することも行っています。これにはお客様に合わせた対応力が求められます。同じような質問でも、主目的が事象の原因解明なのか事象を解消することなのかによって回答の仕方は異なります。製品に対するお客様の理解度も考慮に入れ、調査した内容や技術的背景をすべて列挙するのではなく、実施していただきたい内容をわかりやすくお伝えするよう心がけています。エンジニアとしての知識や技術力と、きちんと伝わる説明力＝日本語の組み立て力を磨くことがお客様の高い満足につながるこの仕事にやりがいを感じています。

入社当時は下肢障害があったものの、若さも手伝い何でもできると思っていました。下肢障害から生じる困難は周りの方にもわかってもらいやすく、自分からお願いしなくても必要な配慮や手助けをしてもらえました。会社からは、車で通勤していた時には駐車スペースを建物の近くにしていただいたり、災害時の対策として、階段を容易に移動できるような機械を設置していただいたりしました。業務に関しては、コンピュータを使用してのデスクワークなので下肢障害への特別な配慮は必要とせず、毎週出張もしていました。

　一方視覚障害については、徐々に見えにくくなる病気の性質上、拡大読書器やパソコンの画面拡大ソフト、読み上げソフトの導入など、その時々に応じてこちらから配慮をお願いする必要がありました。合理的配慮を受けるためには、上司への相談と同時に、産業医から依頼していただくことも大切です。

定期的に産業医との面談の機会が得られるようお願いし、必要な配慮を医学的な見地から人事部門にお伝えいただくことで、エレベーターの階数を音声で通知するよう改修していただいたり、在宅勤務への移行もスムーズに実現できました。

　会社で取り入れている在宅勤務制度は「主に在宅」「週に2日ほど在宅」など、業務に合わせて選択することが可能です。担当業務が在宅で行える内容だったことや自宅から会社まで距離があったこともあり、私も10年ほど前から在宅での勤務を実施していただいています。このことが現在の就労継続にも役立っており、働く環境があれば障害があっても自分の力を活かせるということを身をもって実感しています。新製品や新機能の情報共有のために海外でトレーニングが開催される機会も多く、参加するためのオンラインツールの仕組みが構築されたのもその頃からでした。仕事上のコミュニケーション

には、メールやマイクロソフト社の Teams などを使用しています。チームごとのミーティングを定期的に行い情報共有や疑問点の解消を図ることで、問題を一人で抱え込まずに業務に取り組むことができています。オフィスにいるときと異なり「忙しそう」といった同僚の状況がわかりにくいのは視覚障害があってもなくても同じですが、見えない相手への気配りを在宅業務においても大切にし、メールやチャットにはできるだけ早く返信するよう心がけています。また上司にも定期的に業務レポートを提出し、日々の自分の仕事内容が見えるようにしています。これは、上司が海外の方になった時にも有効な方法となりました。

　このように働き方の面では柔軟性のある会社ですが、その分仕事における成果が重視されます。そのためできることとできないことを明確にし、できることは他の人以上にできるようにスキルを磨き、他

の人がやっていない、自分だからできることを強み
として活かすようにしています。製品開発を行って
いた時の知識を応用した技術支援や、複数の製品群
への幅広い対応等です。できないことがあった場合
にも、どうすればできるかを考え、ツールを使用し
てみる等、まずはやってみるようにしています。例
えば読み上げソフトに対応していない製品はコマン
ドやスクリプトで検証してみる等、さまざまな方法
を調査し対応を試みています。どうしてもできない
分野があればチームに伝え、その分野のみメンバー
からの支援にて対応し、社内ツールであれば、音声
で読み上げできるよう改修の交渉を行うことにも取
り組んでいます。新しい技術を習得するためには、
紙媒体の専門書は読むことが困難なため、PDF 等の
マニュアルや電子ファイル、Web 上の情報から知識
を得る必要があります。情報をたどるのも読むのも
時間がかかりますが、休日を利用してスキルアップ

に努めています。在宅勤務のデメリットは、つい熱が入って深夜まで仕事をしすぎてしまうこと、運動不足になることです。

　そんな私が仕事をする上で最も必要だと思うスキルはコミュニケーション力です。どんな仕事においても、相手の話を理解する力、そして相手に伝える力が求められます。また、仕事のスキルは会社に入ってから習得するものが多いと思いますが、そのスキルを向上させるためにも、わからないことを聞いたり相談したりするコミュニケーション力が重要です。困った時には同僚に相談し、何かと助けていただいています。助けを得るためには、こちらの心がけも大切です。私はまず、相手の話をよく聞くようにしています。例えば技術的な点で相手が間違っていたとしても、すぐに否定したり間違いを指摘するのではなく、話を聞きながら相手が自分で気づくようなやりとりを心がけています。いつどこで、誰に助け

てもらうかわかりません。常に感謝の気持ちを大切にし、他者への不満は言わないと決めています。

　視覚支援機器の導入等のハード面での配慮、そして周りの方々からの理解や助けといったソフト面の配慮を得ることができれば、パソコンを使用したデスクワークの仕事は視覚障害があってもできるはずです。やりたい仕事を選ぶということも大切です。やりたいことであれば、スキルはすぐに身につきます。時にはやりたい業務でなくても、やりたい仕事につながる業務の一つとして考え方を切り替えることも大事です。

　私は重複の障害をもつ中、また障害の程度が変化する中、エンジニアの道を歩み続けてきました。どうにか自力で解決策をつかもうとあらゆる工夫を重ねますが、自身の技術的には対応可能な内容であっても音声が出ないためにできない業務があるととても悔しい気持ちになります。新しいツールや製品は、

かなり工夫しないと音声が出ない場合もあります。目的の項目を探すのに非常に時間がかかることも、時間をかけても見つからないこともあります。探していた項目を同僚から教えてもらい、効率的に検証ができることもあり、見えていたら苦労せずに済むのに、そう思うことが何度もありました。それでも、自分で答えを見つけられた時はガッツポーズ、同僚の力を助けに目的を達成できた時は心でハイタッチです。私はこれからもできる方法を探り、配慮への感謝を心に、新しい技術やスキルに対して好奇心を持って挑むエンジニアとして頑張っていきます。

西口　嘉高（にしぐち　よしたか）
神戸市生まれ
コンピュータメーカーに入社、製品開発や技術支援に従事

19

仕事の定着と発展、
見えにくくなっても継続

的場　孝至

　私は奈良県在住で、大阪府内に通勤しています。全国規模の民間企業で事務職に従事しています。1997年に新卒で入社、営業部に所属し23年になります。現在の主な仕事はExcelでのデータ集計です。取引先の会費の売上計上、売上計画の作成、部署の運営コストの進捗管理などを担当しています。

　私は先天性の弱視で、見えにくい、見えないことが当たり前の中で日常生活を送ってきました。小学校の時にはまだ0.1ぐらいあった視力は高校、大学と進学するにつれて低下し、就職時には良い方の左目で0.02となっていました。その後も緩やかに低下は進行し、今の視力の状態は、右は0、左は明暗がわかるぐらいです。学校生活、社会人生活を通し、

常に見える人の中で自分だけが見えにくい、見えない状況でした。ノートやメモはきれいに書く、書いた場所を探す、自分の書いた文字を判読する、どの過程にも非常に時間がかかるため、受験生の時には皆のように書いて覚えることはできませんでした。そこで「書くより覚えた方が早い」と集中力・記憶力を培ったことは、受験だけでなく、後に社会に出た時にも大きく役立つこととなりました。

　入社当時は 0.02 の視力でしたので、日常生活では読み書きに拡大読書器を使っていました。しかし、どれぐらい見えているのか、仕事をするにあたり何か設備が必要かなど、障害への配慮や事前の準備に関して具体的に質問されることはありませんでした。見えにくさが原因でできないことがあると理解してもらえるのだろうか？　先天性の弱視のためアルバイトの経験のない私には、会社とはどんなところなのか、ドラマの中の世界しかイメージができません

でした。もしかしたら新入社員はコピー取りと花見の場所取りをするのだろうか？　コピー機の使い方は一つひとつ教えてもらわないとわかりそうにありませんし、見頃の花見の場所など探せるはずもありません。何も聞かれなかったことで、さまざまな不安を抱えたまま仕事を始めることになりました。

　実際は会社側としても視覚障害者を雇用したことがなく、事前に対応方法がわからなかったようです。入社後、どれぐらいの文字なら見えるのか、人の判別はできるのか、コピー機の液晶は見えるのか、パソコンは使えるのか、通勤は問題なくできるのか、取引先への訪問はできるのかなど、一つひとつ確認がされました。不安に思っていたドラマのようなことはありませんでした。設備についての質問に、読み書きに拡大読書器が必要であると伝えました。しかし、視覚障害雇用のノウハウのない職場ですぐに用意できるものではないと考え、テレビを用意してく

ださいとお願いしました。拡大読書器の本体は自宅
で使っているものを持参し、会社に用意してもらっ
たテレビをモニターとして使い、読み書きを始めま
した。このようにして、環境があればできることを
示しました。

　入社して最初の仕事は、数種類の資料のセットで
した。会社では7月の新店舗オープンに向けた集
客活動が始まっていました。営業スタッフは毎日資
料を持って営業に出ます。お店の概要、タイムスケ
ジュール、価格表、招待券、申込書などは、予めひ
とまとめにして封入しておく必要があります。営業
スタッフがこの作業をするとその分営業活動に充て
る時間が減りますので、私がそれをすることになり
ました。朝9時過ぎから夕方5時過ぎまで、ひたす
ら資料をひとまとめにして封入していきました。単
純な作業ですが経験がありませんでしたので、はじ
めは我ながら効率が悪かったです。日ごとに要領を

得て、1日あたりの作成数は増えていきました。7、8人いる営業スタッフがいつでも必要な数だけ資料を持っていけるよう、いかに速く、いかに多く作れるかがポイントでした。営業スタッフが営業に専念できるように取り組むことで部署の業務に貢献するところからのスタートでした。今となれば、それが正社員が毎日する仕事なのかと疑問もありますが、会社も自分自身も何ができるかわからない中で、与えられた業務を誠実にこなすこと、そのはじめの一歩は確実に次のステップへとつながっていきました。

　入社2ヶ月になる頃、ほとんどのスタッフが長期出張に行くことになりました。社内に残るスタッフは少なくなります。そこで、私にも電話に出るようにと指示がありました。少しずつ仕事に慣れてきた頃とはいえ、かかってきた電話をスムーズに取次ぎできるのか、お客様の用件や連絡先を正確にメモして、それを指名されたスタッフにきちんと伝達でき

217

るのか、ホワイトボードに書いてあるスタッフの帰社時間が見えないのはどうしたらいいのかなど、またいくつもの不安が持ち上がりました。私はそれを上司に相談しました。上司からは、部署内のスタッフに限らず誰かがサポートするからとの返答でした。

　不安は払拭しきれないながらも、とりあえず電話をとり始めました。いざ出てみると、指名されたスタッフが社内にいるかどうかや、不在であれば帰社時間など、必要なことは実際に誰かが教えてくれました。不在者へのメモは大きな紙に大きな字で書いていましたが、それに対しての指摘はありませんでした。数をこなすことで、電話対応にも徐々に慣れていきました。そして日々電話対応を続けていると、仕事の内容、お客様の問合せや要望、自分が何をしなければならないのか、何を求められているのかなどがわかるようになってきました。また、不安のあった電話対応を通して社内でのコミュニケーショ

ンも増え、仕事の内容を理解することにもつながりました。自分には電話はとれないと決めつけず、課題点を相談し、できる方法を工夫しながらやってみたことは、視覚障害者への理解の一助にもなりました。

　２年目からは部署の管理関係の仕事を始めました。取引先への請求書の発行、会社間の契約書の作成、売上計上、伝票処理などです。拡大読書器と拡大ソフトで各種処理をしていました。当時は紙ベースの書類が多く、事務処理は煩雑でした。それでもひとつひとつ確実にやり続けることで、任される仕事の量は増えていきました。４年目には本社との調整、他部署への確認も担当しました。電話の対応では、営業担当者の不在時には請求や契約に関する問合せにも対応しました。こうした業務の中で非常に身の助けとなったのが、自分一人が見えないという状況で養った、話をしっかり聞いて的確に記憶するとい

う精神でした。社内各部署への連絡は電話帳を見なくてもスムーズに行えましたので、周囲は驚いたようです。大切な数字や会社の基本方針も頭に入っていたことは信頼度アップにつながり、「的場に聞いた方が早い」と頼られるようになりました。「メモを取るのが苦手」という視覚障害者の特性を逆手に取り、自身の得意分野を磨いて武器とすることと、時間はかかっても期日を守って正確に仕事をやり遂げる姿勢で、業務の量だけでなく幅も拡がっていきました。

　このように、仕事は確実に定着し、発展していきました。年々担当業務は増え、部署の予算管理もするようになりました。仕事が増えるのはありがたいことではありましたが、業務は膨大化する一方でした。連日残業が続き、帰宅が 23 時や 24 時ということも珍しくありませんでした。それでも終わらない時は週末に出勤し、必要な業務はやり遂げました。

終日前のめりになりながら拡大読書器を凝視し、書類の文字を必死にたどることが幾日にもわたりましたので、当時の疲労は相当なものでした。そんな生活が数年間続きました。

　入社 9 年目の 2005 年頃、視力低下に伴い、拡大読書器を使って処理していても仕事が終わらなくなってきました。ここまで仕事を任せてもらったのだからやらなくてはいけない、せっかくの担当業務を手放したくない。その思いで限界を乗り越え、どれだけ時間がかかっても、指定の期日までに正確に業務をこなし続けていました。しかし、見えにくいことでの間違い、業務遅延などで会社に迷惑をかけるようなことがあってからでは遅いと決断し、視力低下が進んでいるため業務の見直しをしてほしいと上司に相談しました。少し時間はかかりましたが、業務は見直しがされました。この配慮もあり、自分のミスや遅延で迷惑をかけることなく業務が遂行で

きています。

　その後、これまでの経験を活かして部門の予算管理の仕事をメインにすることになりました。このタイミングで、PC-Talker を購入してもらいました。PC-Talker は画面上のカーソルを目で見てマウスで操作する代わりに、音声を聞いてキーボードを操作するのですが、初めての経験でしたので、日本ライトハウス情報文化センターで 2 時間の講習を受け、基本的なことを学びました。講習後は会社で日々の業務をしながら慣れるようにしました。最初のうちは、使い慣れたマウスでの操作の方が早いように思い、見えにくいながらも PC-Talker は補助的に使っていました。しかし予算管理の仕事の幅が拡がるにつれて視力が追いつかなくなり、次第に PC-Talker をメインに使うようになりました。音声で操作するしかないという状況になる前に導入してもらったことで、スムーズに音声操作になじんでいけたと思い

ます。少し先のことを意識し、支援機器の情報収集をすることも大切だと思います。予算管理の仕事は部長からの指示で行う重要な業務ですが、おかげで円滑に行うことができるようになりました。画面を凝視していた時に比べると、目の疲労や頭痛も軽くなりました。その後も長期的に会社を休んでのパソコン指導は受けず、必要に応じて講習を受けたり電話で聞いたりして、疑問点や効率的な操作方法を学んでスキルアップにつなげています。

　私は仕事を継続する上で、会社、上司、同僚に自分ができることを明確に伝えるようにしています。雇用側には、視覚障害者がどのように仕事ができるのかはなかなかわからないと思います。また、見えないからできないとすぐに断るのではなく、どんな工夫をしたらできるようになるかを考えています。断ればその業務から外されます。それは業務全般において、自分の可能性の幅を制限してしまうことに

もなります。諦めたら終わりです。時間をかければできるのか、人的サポートがあればできるのか、ハード面が改善されればできるのか。実行と実現の道を探り、それを会社に伝えています。その繰り返しが、業務量の拡大と質の向上につながりました。

　就労の継続に大切なのは、まずは会社と自分自身の現状を正確に把握することです。会社方針、社内環境、異動で代わる上司、日々の業務と常に向き合うことが求められます。その上で、自分の障害の状態を伝え、業務を可能にする方法を説明することが必要です。私は、担当業務を最後まで正確にやり切る心がけも大切にしてきました。

　それでも思うようにできないことはあり、場面によっては周りのサポートをお願いすることが必ず出てきます。ここで人間関係の構築は外せない最重要ポイントになります。私は一切アルコールを飲みませんが、会社の皆さんとの"飲みニケーション"は

大切にしています。見えにくさが増しても、勤務地の変更があっても、会社の上司や同僚の皆さんに支えてもらいながら今も継続して働くことができています。制度や機器の情報を教えてくださったり、歩行やPCスキル獲得の支援をしてくださったりした視覚障害者支援施設職員の方々、働きやすい環境を作ってくださった上司や同僚への感謝の気持ちを胸に、これからも見えないことを言い訳にせず、正確に誠実に仕事をしていく自分でありたいです。

的場 孝至 (まとば たかし)

1973年　奈良県生まれ
先天性弱視として学校生活を送る
1997年　全国規模の民間企業に入社
現在も同社で就労継続中
プライベートでは、視覚障害者就労相談人材バンクのキャリアアップ・スキルアップ検討部会のプランニングファシリテーター、認定NPO法人タートルの理事、きららの会の企画運営スタッフとして活動しています。

障害から障生へ

　下町の小学校時代、低学年の担任のいでさわ先生は、優しい、それは優しい女性の先生でした。先生は、結核で他界されてしまいました。その時私は未来をも失うほどの喪失感に襲われ、ひとり立ち尽くすばかりでした。高学年になると、えこひいきの女性の先生が担任となりました。一部の生徒のための授業で、苦く悲しい3年間でした。中学、高校ではまた、すばらしい先生方との出会いがありました。

　教員には二通りの生き方があり、それが二通りの教え方につながっているように思います。一つは、クラスの中で優秀な生徒や学生5、6人だけを視野に入れて授業を行う教え方。二つめは、学びの経験の豊かな子供、少ない子供全員を対象として授業づ

226　第3章　就労継続 − 20

くりをする教え方です。エリートのみを育てる落ち
こぼしの教育と、まっとうな教育、本来の教育です。
音楽や体育、書道、生徒会活動が大好きだった落ち
こぼれの私は、小・中・高校の 12 年間で両方の教
育を体験する中で、ひとり立ち尽くした日のことを
思い、教育の在り方について考えるようになりまし
た。

　高校卒業後、私はいったん社会人となりましたが、
その後大学に入学して教職の道を目指し、都立高校
の倫理の教諭となりました。さらに、国立大学、短
大、看護専門学校などでも教壇に立つようになりま
した。教員となってから 20 年ほどは、社会科の研究
会や研修会に週 1 回程度参加していました。学びの
機会に自由に参加できたことは、今となっては貴重
な経験です。先輩の公開授業やご講演は深遠で、そ
れは見事なものでした。そこでは授業に対する自由
討議もあり、参加者は皆溌剌としていました。

希少難病により中途失明したのは41歳の時のことです。全身の血が逆流する思いで、世間のスピードが恨めしくさえ思われました。原因はわからず、治療方法もわかりません。お先真っ暗の悶々とした日々が続きます。しかし、そんな闇にも少しずつ光明が射し始めました。

　中途失明からの職場復帰や就労には、次の二つのことが不可欠です。一つはリハビリ。そしてもう一つは、周囲の方々のお力です。リハビリでは、見えない・見えにくい中での生活全般、パソコンのスキルアップ、各種スポーツ、歩行訓練等において指導を受けることができます。また、同僚や子供の頃からの親友、尊敬する諸先輩、労働組合等が、職場復帰や就労時には大きな力となってくださいます。心とスキル両面からの支えが導きの光となり、私は1年で職場に復帰することができました。

　中途失明後に教員として働く上で、私は通勤・授

業・書類作成・課外活動の四つの山と向き合いました。

　まずは通勤時の安全確保です。この課題の解決は、就労や就労継続において不可欠です。全盲や強度の弱視者には、通勤時に白杖を使いこなすこと、多種多様な音声を確実につかむことが求められます。白杖の使用方法は 30 種類以上あるとも言われています。白杖での安全な歩行のため、3 点、私からの提案です。一つ、歩行中、自転車との接触・衝突事故に十分気をつけること。これは年に 1 度、あるいは 2 年に 1 度経験している私の痛切な実感です。くれぐれも注意を払っていただきたい。二つ、鉄道会社に対してホームドア設置を、国民的運動として要望すること。直接命に関わるテーマです。三つ、音響信号機の設置について、当事者自らが要望の声をあげること。現在、音響信号機の数はあまりにも少ない。地域の警察署へ、大いに要望してまいりましょ

う。

　次の山は授業準備・授業づくりについてです。こ
こでまたリハビリが大いに役立ち、思わぬヒントを
与えてくれました。高校での倫理の授業の準備では、
世界中の多種多様な資料検索と、授業展開の創造が
不可欠です。リハビリにより、音声操作でネット検
索ができるようになり、読書の環境もできました。
また、リハビリでは音声パソコンの操作や掃除、洗
濯、料理などの授業と併せて、白紙にサインペンで
文字を書く授業もありました。この授業が私に宝物
を与えてくれたのです。全盲や強度の弱視の受講者
が、リハビリの先生の読まれる新聞記事をいきなり
白紙に書くという授業、皆さんでしたらどうなさい
ますか。両手をよく使うのがポイントです。サイン
ペンを持った右手だけでなく左手も使います。この
時、左手は目の代わりとなります。左手にペンを持
つ時には、右手が目の代わりをします。白紙の端に、

ペンを持たない手の指を置きます。そして、紙の位置や今書いている文字の位置関係を把握します。横書きで左から右へ書く場合には、1行目が間もなく終わる頃、ペンを持つ手の小指が紙の端に触れます。そこで行を変えます。その繰り返しです。このリハビリを応用して、私は学校でも黒板・ホワイトボードを利用できるようになりました。例えば、細長いマグネットは黒板の2分割や4分割に使用し、文字を書くときには丸いマグネットを文頭に使用します。文字だけでなく、円などの図形も描きます。

　「私」という漢字を書き、その漢字を小さな円で囲みます。続いてその上に「人類史」と書き、中ぐらいの円で全体を囲みます。さらにその円の上に「自然史」と書き、大きな円で包みます。最後にその上に大きな文字で書きます。「宇宙」と。

　三つめの山は書類作成についてです。書類や資料の音訳は、地域のボランティア団体や個人の皆さん

にもお力添えをいただきました。また、膨大な量の
テスト採点も、地域ボランティアの方々に学校内で
お手伝いをお願いしました。約12名の皆さんに採
点をお願いし、校長と私が立ち会い、ご質問に回答
していきます。何と、1時間ほどで終了します。驚
きです。もちろん確認作業も含め、2回採点を行い
ました。大切な御礼は私のポケットマネーから差し
上げました。

　最後の山、課外活動についてです。私は学校行事
とクラブ指導も担当しています。遠足や芸術鑑賞教
室、修学旅行にも必ず参加します。これには先生方
や生徒達との綿密な打ち合わせが重要です。クラブ
指導は早朝、放課後と、長時間となります。試合な
どで、土日、祝祭日も出勤です。基本は、生徒と共
に準備運動などを行うことです。そこからコミュニ
ケーションが始まります。このようにして私は四つ
の山を乗り越え、現在も教員の道を歩み続けていま

す。

　21世紀初頭より、私はメディアを通して「障害から障生へ」という提唱をしています。

　障生とは、機能障害、運動障害を持ち、また自らの障害を受容しつつ、学び、働き、遊び、文化・芸術を楽しむ人々。

　障生とは、障害を持ちながらも、そのほかの全ての運動能力を生かしつつ、社会的不利の中、国民と共に、就労・雇用テーマの実現を目指す人々。

　障生とは、弱者、マイノリティ、社会的不利の中で課題解決へ生きる人々に寄り添い、併せて、食と環境の課題へ向かう人々。

　そろそろ、障害という表現を卒業しませんか。

　障害から障生へ、絶望の淵から未来を切り開く力は、障害者になったあなたの職場復帰の決意の中にあります。同僚とリハビリ、多くの経験をお持ちの諸先輩、労働組合、そして管理職が、きっとそれを

支えてくださいます。さあ、共に歩み始めましょう。

山口　通（やまぐち とおる）

哲学冒険家　篠笛奏者　全盲のコメンテイター
東京都立高校教員　36 年
41 歳で中途失明
その後、大学での講義や講演等
全国視覚障害教師の会　元代表
認定 NPO 法人タートル　元幹事（セミナー担当）
ダイアログ・イン・ザ ダーク　元アテンド
現在、東京学芸大学等で講義、ゼミ、講演及びヒューマンライ
ブラリーに参画

ひとつの会社で 41 年間 継続就労できたことに感謝

伊勢元　修

　私は網膜色素変性症です。36 歳で障害が判明し、59 歳の現在は障害等級 1 級、白杖歩行の毎日です。

　小学校から野球を続け、特に高校時代は甲子園を目標に野球に明け暮れていました。高校卒業後、18 歳で日立系総合電機商社へ入社。半導体販売部門に配属され、27 歳までは仕入売上計上、在庫管理等の管理業務を担当しました。28 歳から営業に携わり、障害判明後も同社にて業務を継続。45 歳の時に管理職となりました。49 歳からは空調製品等産業機器を扱う部門で拠点の経理・総務・債権管理業務を担当し、現在は購買部門での管理職に従事しています。

　前述のように高校時代は野球部に所属して甲子園

を目指していました。その日々の中には多くの学び
がありました。全員が一つの目標に向かって厳しい
練習をクリアするすばらしさの体感。自分の課題を
知り、日々の練習に誠実に取り組み技術を向上させ
る喜び。個々の長所を生かし、足らないところを皆
でカバーし全体の力を上げていくチーム作り。監督
とのノート交換では、日々の取り組みや感じたこと
を伝え、精神的サポートを得ることの大切さも教わ
りました。集中力を養うために受けた授業のおかげ
で、商業簿記、工業簿記ともに1級を取得するこ
ともできました。このかけがえのない経験の数々は、
その後の私の人生のベースとなっていきました。
　社会人となり、35歳までは健常者として働いて
いました。管理業務に従事している時は仕入先との
コミュニケーションを大切にし、人脈作りに力を入
れました。営業に携わるようになってからは、顧客
要求の聞き取りに注力し、把握した内容を仕入先へ

丁寧に伝え、目標達成を実現していきました。

　目の状態に不安を感じたのは36歳の時です。それまで営業として働いていた間に軽微な車両事故を4回起こしていましたが、病気の自覚がまるでなかったため、運動神経が鈍ったのだと思い込んでいました。夜間はライトをつけていても少し暗いなと感じていましたが、「鳥目の気があるんだ」ぐらいにしか考えていませんでした。ところが36歳の秋、1週間に3回、事故を起こしたのです。タクシー、自転車、人間が、忍者のごとく突然目の前に現れましたので、さすがに自分で思っている以上に動体視力が悪いのかもしれないと心配になり、眼科を受診しました。

　そこで告げられたのは網膜色素変性症という病名です。そして「視野が欠けていき、将来目が見えなくなる」と言われました。

　突然のことで意味がよくわからないまま将来が不

安になり、とにかくハローワークに相談にいきました。その時に面談してくださったのが同じ病気の方でした。視覚障害者支援活動をしておられるとのことで、その会合に参加させていただくことになりました。そこで、目に障害のある方々が働くためにいろいろ苦労や努力をされていることを知りました。仕事を変えた方が良いだろうかと相談したところ、「できる限り現会社で働き続けることを考えた方が良い」と言われました。このアドバイスが、自分の限界まで就労を継続しようという決意につながったのです。この頃には視野がかなり失われていることは自覚していましたが、中心視野が矯正で 0.3 あったので、日常生活や歩行はできていました。

　その後 42 歳で障害者手帳を取得しました。等級は既に 2 級でした。医大の先生からは「なぜもっと早く来なかったんだ」と言われました。夜盲と併せて太陽の光にも弱くなっており、随分症状が進行

していました。私は職場の仲間に病状を伝えるために動き出しました。当時は営業を担当していたので、サポートの女性に病状を丁寧に話すと、彼女は、事務所での伝票処理、価格及び納期回答を担当しますと言ってくれました。

　このように周りに状況を伝えて理解してもらえたことが、その後の私の働き方に大変大きな影響を及ぼすこととなりました。ちょうどその頃会社が新規ビジネスを進めていく時期であったため、私が新規開拓に専念できるようになったのです。誠実に取り組んだ結果、優良会社で１社実績を上げることができ、45歳の時に管理職へ昇進しました。

　社内での事務作業をお任せした何年かは、周りの方々にお願いしないと仕事が進まない状況でした。その時に大切にしたことは、周囲と円滑なコミュニケーションを取ることです。飲み会、会社行事、各種イベントに参加して、いろんな人と話をすること

で私のことをなるべく知ってもらうようにしました。

　49歳の時、会社側が労務環境の安全面を考慮し、私は営業部門から管理部門へ転属となりました。ここからは事務処理が多くなることもあり、課員に多大なる支援をしていただくこととなります。そのため課員に私の現状を伝え、仕事の考え方、想い、チームで協力して課題をクリアしていくということを話しました。定期的な個人面談を行うことでお互いの状況を把握し、課題を一緒にクリアしていくことで一歩ずつ、確実に前進していきました。課員が私の目となり業務を進めている姿を見た上司からも「勉強になる」と理解と協力が得られ、チーム作りは進んでいきました。また毎月、月末の日曜日には異業種での勉強会に参加し、そこで得た情報を翌日から課内共有し、実務に応用していきました。障害者支援活動をしている団体の講演会、研修会等で得た情報もチームのメンバーに展開し、一体感を得ていた

だけるようにしました。特に相手の目線に立って会話をし、相手の思いも汲み取りながら、一緒に成長することを意識しました。

　進行していく病気を抱えて就労を継続するには、ときにはストレス発散も大切です。30年来行きつけの居酒屋の大将とその常連客の皆さんに気軽に声かけしてもらえたことで、随分精神的に助けられました。また、32歳から所属していた地域のソフトボールチームでは、プレイができなくなってからも毎週日曜日にはグラウンドへ行き、声出しをして気分転換をさせてもらいました。地域総合型スポーツクラブのNPO法人の立ち上げや運営にも携わり、理事までさせていただきました。長男がサッカー、長女がバドミントンを小・中・高・大学の部活動でしていましたので、その応援に行き充実した時間を過ごせたことも、大変良い気分転換となりました。そのような活動の中で他団体の方々ともつながりがで

き、いろんな所で声かけをしていただき、現在も気持ちの良い休日を過ごすことができています。これら一つひとつが、私の就労継続の支えであったと思います。たくさんの協力者のおかげで59歳となり、18歳から働き続けた現在の会社で無事、定年を迎えられそうです。家族、会社関係、その他支援していただいた皆様には感謝しかありません。

　視覚障害者は目で見ることができない分想像する力があり、健常者と一緒に仕事を進めることでお互いに向上できると思います。

　企業の皆様には、雇用や人事を考える際、障害の有無や業務内容などいろいろな組み合わせを実践していただきたいと思います。企業が永続するためには健常者、障害者の区別など意味がありません。皆で協力して社会貢献をしていきましょう。

　中途障害者の方には、健常者の時に経験したことを財産として、ぜひとも諦めないで就労を継続して

いただければと心から思います。可能性は無限にあります。

　健常者の方も、もし人や物が目の前に突然現れる現象があれば、即眼科に行ってください。病気が隠れているかもしれません。大きな事故を起こす前に自分の現状を把握してください。

　最後に、すばらしい環境で働かせていただいた会社の基本的考えを記載します。

　信用は誠実と努力によって生まれる。個人の力は小さいけれど総力を結集することで威力を発揮する。

　この方針が私の人生のベースとマッチしていたことで就労が継続できたとも感じています。これからも周囲への感謝を胸に、少しでも前に進んでいけるよう努力していきます。

伊勢元　修 (いせもと　おさむ)
1961 年生まれ

網膜色素変性症　現在の障害等級 1 級

18 歳　日立系総合電機商社へ入社
28 歳　管理業務から営業へ
36 歳　障害が判明（残存視野率 5％未満）
42 歳　身障者手帳 2 級取得
45 歳　管理職となる
49 歳　営業から管理部門へ
現在は購買部門の管理職に従事

 働く私たちから「ありがとう！」① 会議

こんな配慮があれば視覚障害者も状況把握がしやすくなります。

◆資料の事前配布。（一読して会議に臨める）

◆出席者や席順の周知。

◆スライドや画面共有の際は「ここに書いてある通り」ではなく要点を口頭でも読み上げる。

◆人数の多い会議では先に名乗ってから発言する。

自営業の勧め

田中　祥雄

　私は司法書士という専門職を仕事とし、「司法書士合同事務所タナカ・パートナーズ・オフィス」という個人事務所を大阪市北区堂島で営んでいる。司法書士の仕事は、主に売買や相続といった不動産の登記手続き、または、会社の設立や合併といった商業登記手続きの代理であるが、司法書士の内で認定を受けた者は、簡易裁判所管轄の訴訟手続き等を依頼者に代わって行うこともできる。また最近では、成年後見人への就任、または相続人全員の同意の下、相続財産の管理手続き等を行う場合もある。

　私は大学を卒業後、同じ大学の先輩の司法書士事務所に入所し、2年後の昭和59年に司法書士試験に合格、昭和63年にその先輩司法書士の承諾を得

て、28 歳で独立開業した。開業当初、結婚したばか
りの妻・桂子と大阪市福島区のワンルームマンショ
ンにおいて二人で始めた事務所は、その後、順調に
業務を拡大した。阪神・淡路大震災、金融機関の破
綻、そして再編と社会の流れに飲み込まれつつも仕
事好きが奏効し、一時は司法書士 9 名が在籍するま
でになった。

　しかし 42 歳の時に初めて受けた人間ドックで、
仕事の在りようは一変する。自分ではまったく気づ
かなかった視野の狭窄。健康診断の結果、告げられ
た病名は「網膜色素変性症」であった。いずれは失
明する可能性がある難病だという。生まれて初めて
受けた視野検査では、既に上下左右の視野が約 7 度
と言われた。それまでは昼夜を問わず自家用車を運
転して仕事をこなしていたが、運転は即諦めざるを
得なかった。これを機に、仕事の仕方を大きく変え
て事務所経営を行うこととなった。その後徐々に症

状は進行し、53歳の時に阪急宝塚駅でホームから線路に転落して入院したのをきっかけに、白杖での歩行訓練を受け始めた。同年に視覚障害2級の認定を受け、60歳の現在はぼんやりと光を感じるだけとなった。

　私の仕事である司法書士は、登記法を中心とした法律の専門家として顧客の相談を受けるほか、顧客から提供された書類を確認し、一言一句正確に登記簿に記載させるべく申請書を作成するという、ある意味活字が見えなければ成り立たない仕事である。しかし幸いなことに、私の目が見えにくくなったのは開業直後ではなく、ある程度業務基盤のできた頃であった。事務所には、私の代わりに事務作業を行えるスタッフが在籍してくれていた。開業以来、顧客の相談は自分のみで受けた上、申請書等も自分のみで作成するという「自己完結型」の仕事をしていた。視覚障害の程度が上がるにつれ、パソコン等を駆使

して書類を作成するのはスタッフの司法書士に任せ、私は顧客からの相談業務に専念するという「分業型」に業務スタイルを変更した。つまり、一人でやりきる働き方から、チームで協力し合う働き方へ転換したのだった。顧客と面談する時は原則としてスタッフの司法書士に同席してもらい、顧客から提出を受けた書類内容の概略をそのスタッフに読んでもらうことにより、私がその内容に沿って説明したり顧客の相談に応じたりする。面談後は、面談内容に従ってスタッフに具体的な事務処理の方法や書類の作成方法を指示する。なお、当事務所のスタッフは全員司法書士の資格を有している。そのため、私が視覚障害者であっても安心して我々にご依頼をいただけるようだ。自己の知識と経験を積むことはもちろん、質の高い事務所を築いてきたことも、顧客からの信頼、そして現在の仕事につながっているように思う。

ちなみに相談業務は面談や電話、メールが中心である。スタッフとの打ち合わせにも特別なソフトは必要としない。私の片腕を担ってくれているのは電話（固定電話ではなく、いわゆるガラ携）のみであり、私はその読み上げ機能を駆使して仕事をこなしている。例えば、顧客との面談時には原則としてスタッフに同席の上メモをとってもらうが、同席できない場合はガラ携の録音機能で記録を残すこともある。また、イヤホンをつけた状態で読み上げ機能をオンにし、面談しながら片手でメモ入力を行うこともある。電話相談をガラ携で受けた場合は、電話を切った後に読み上げ機能を利用して内容をメール本文に記録し、必要に応じてスタッフのパソコンに対応方法の指示とともに送信する。メールによる相談もガラ携で受信し、読み上げ機能により確認の上、直接返信対応することができる。ただしPDFファイル等が添付されている場合はガラ携では確認でき

ないため、顧客には一旦、パソコンまたは事務所の
ファックス機に送信してもらう。それをスタッフに
テキストデータに変換して私のガラ携にメールして
もらうことにより、その内容を確認する。さらに、
契約書等の長文原稿は、ガラ携からスタッフのパソ
コン宛てにメール本文として送信すると、スタッフ
は、資料を見なくてはわからない部分は補完し、体
裁を整えて顧客に提供してくれる。つまりは、ガラ
携と私を支えてくれるスタッフ頼りなのだが、特別
なサポートアプリケーションや機器を使わなくても、
使えるものを活用し、自分にできる方法を探りなが
ら、現在も私は仕事を続けている。

　ところで、視覚障害者の就労というテーマでは、
一般的には企業に対する就職活動であったり、就
職してからの企業内での活動というイメージがあ
る。しかし私のような自営業も就労には違いないの
で、その利点を考えてみた。結論からいうと、視覚

障害者にとって自営業の最大の魅力は、なんと言っても意思決定を自らが行えるという点ではないかと思う。自営業の場合、業務条件はもとより業務環境を自らが決定し、実行できる。例えば、業務に必要な機器やアプリケーションの選択、事業者である視覚障害者が業務を円滑に行うことができるサポート体制の構築も自分で決定し、実行することができる。また視覚障害者にとって、時として業務以上にストレス度が高い通勤という行程も、自宅を職場とすれば不要であり、仮に自宅とは別に職場を設ける場合でも、場所や設備等を自分の状態に合わせて選択できる。通勤時間帯も、時差通勤することでラッシュを避けることも可能である。私の場合、リモートワークが推奨される昨今、職場である事務所への出勤は当面の間週1日とし、残りの平日は在宅勤務とすることを自らの判断で決定した。つまり、限られた身体的状況に合わせて、自分の業務の規模及びスタイ

ルを自らデザインすることもできるということだ。

　当然のことながら、自営業である以上、視覚障害者であろうとも直接顧客と対面する必要がある。それが事務所の経営、ひいては生活に直結することは事実である。そして従業員を雇用している場合は、自らの生活を後回しにしてでもその生活を守る責任がある。自営業である以上経営破綻というリスクを抱えての生活であるが、すべて自己の責任と判断の結果として受け入れるべきことであるので納得もしやすいと考えている。もちろん障害の程度、環境及び条件は個々に異なり、一概には言えない。しかしもし可能なら、業種に関わりなく、自らの思いを社会に伝える「自営業」という選択も一考の価値があると思うが、いかがだろうか。

　現在、私は60歳。白杖経験はまだ7年であるが、病名を宣告されてはや20年が経過した。宣告を受けるまで、私は事務所に泊まり込んで昼夜を問わず、

休日もほとんど取らず、自らが先頭に立ってただが
むしゃらに仕事をしてきた。司法書士業を天職と固
く信じていた。そんな私にとって、徐々に目が見え
にくくなり、仕事が今までのようにできない日々は
つらく、ほぞを噛む毎日であった。しかし幸いなこ
とに私には、できなくなった仕事を代行してくれる
スタッフがいて、何より私の生活全般を見守ってく
れる妻・桂子がいた。前述の通り、スタッフは分業
化した業務を確実にこなし、現在も事務所を支えて
くれている。妻は私の病気をきっかけに、視覚障害
者のためのカウンセリングを学び始めた。今は事務
所の経理をこなす傍ら公認心理師として、視覚障害
者を対象としたさまざまな活動を行い、常に最新か
つ的確な情報を私に提供してくれている。そしてこ
の網膜色素変性症も、私の過労死を防いでくれた奴
だと思えば有り難い巡り合わせである。歳月を経て、
そう思えるようになった。

還暦を迎えた今、残された人生も、天から授けられた仕事と妻とこの病気と共に過ごすことができれば幸せなことであると思う。もちろん、視覚障害者を見守ってくださるすべての人に感謝しながら。

田中　祥雄 (たなか　よしお)

1959 年　大阪市生まれ
1982 年　関西大学法学部卒業
同年　大学の先輩の司法書士事務所に入所
1984 年　司法書士試験合格・大阪司法書士会登録
1988 年　大阪市福島区にて「たなかよしお司法書士事務所」
　　　　　として独立開業
1995 年　大阪市北区に事務所を移転
2001 年　網膜色素変性症と診断される
2005 年　同区内において事務所を移転
2013 年　視覚障害 2 級の認定を受ける
現在、大阪市北区堂島で「司法書士合同事務所タナカ・パートナーズ・オフィス」を経営

法学研究者の足跡

川﨑　和代

　1950年生まれの私は、日本国憲法とほぼ同時代を生きてきたせいか、小学生の頃、新聞紙上で見た「生存権」という言葉に魅了され、法学の世界に足を踏み入れることになった。その頃の日本は、経済的に目覚ましい発展を続けていたが、個別に見れば、貧しい者は依然として貧しいという状況に大きな変化はなかった。ただ、努力をすれば道が開ける余地はあった。国公立大学の授業料は年間1万2千円、奨学金とアルバイト代があれば、生活にも勉学にも不自由はしなかったのである。

　私は、幼少期から強度の近視であった。小学校では常に最前列が自分の指定席となっていたが、次第にその席からでさえ黒板の文字が見えなくなって

いった。眼鏡は視力低下の速度に追いつかず、すぐにあわなくなったが、高校時代にコンタクトレンズを使用するようになってからの数年は、不自由なく生活することができた。

　そんな私を突然の異変が襲ったのは、大学３回生の１月のことだった。家庭教師をしている最中、右目の下部に油膜状の曲線が現れ、徐々に上昇していき、２時間ほどで最上部まで到達した。見えている左目を手で覆うと、そこにあるのは真っ暗な闇の世界。経験したことのない恐怖感に襲われ、その夜は一睡もできなかった。翌日阪大病院で、網膜剥離であること、今見えている左目も安心できる状態にはないため、両眼の手術が必要であることを告げられた。直ちに入院し、右目は２回、左目は１回の手術を受けるも結局右目の視力は回復せず、「左目を大事にしていきましょう」と言われて４か月にわたる入院生活を終えた。

学園紛争のさなかに学生時代を過ごしたことも
あってか、私はあまり熱心に勉強していなかった。
それでも、中学時代に初めて抱いた「弁護士になり
たい」という夢は、網膜剥離になるまでは明確に自
分の中にあった。しかし、突然目の前が真っ暗にな
るかもしれないという恐怖感が、常に私にまとわり
つき、司法試験の受験勉強を続ける気になれなく
なった。それどころか、この恐怖感から逃れるため
には、恐怖が現実となる前に自分の存在自体を消し
去るしかないとまで思うようになっていった。
　目標も希望も失っていた時、先輩から「大学院で
勉強してみたら」というサジェスチョンを受け、恐
怖感から逃れたい一心で大学院への受験勉強を始め
た。「弁護士になりたい」という中学時代のピュアな
志に比べたら、何と不純な動機であることか。しか
も当時の女性にとって、研究者の道に進むことが茨
の道であることを考えもせずにである。そもそも当

時の大学生の就職についていえば、性差別がないのは公務員くらいだった。男女雇用機会均等法はまだ制定されていなかったし、男女同一賃金を定める労働基準法さえ、裁判で勝たなければ画餅にすぎないという側面があった。障害者差別に至っては、「差別」と意識されないほど巷に満ち溢れ、多くの法律には障害者の進路を阻む、いわゆる欠格条項が存在していた。

1979年、先に就職が決まった夫とともに島根県松江市に住まいを移したが、1か月のうち1週間は研究のために大阪で過ごしていた。松江では地元の短大等で非常勤講師として日本国憲法を教えていた。また同時期、いくつかの大学に専任の職を求めたが、公募とは名ばかりで論文の抜刷りを開いた様子もないような大学さえあった。ようやく専任の職を得たのは、私が32歳の時である。

夫を松江に残し、1歳になったばかりの息子とと

もに再び大阪に戻った私は、母や妹の助けを借りな
がら短大教員としての新生活を開始したが、それは
想像以上に厳しいものであった。息子と私が体をこ
わして立て続けに入院し、研究どころか教育もまま
ならない時期もあった。やっとの思いで手にした専
任の職も手放さざるを得ないのかと苦しんだが、多
くの人に支えられ、私たちは少しずつ生活のリズム
をつかんでいった。

　しかし、穏やかな年月は３年も続かなかった。
徐々に手元の文字が見えづらくなり、やがてすべて
の視界がぼやけていった。白内障である。「たかが
白内障」と人は言う。しかし私の主治医は、「手術
は網膜剥離を誘発するリスクがあるし、剥離を起こ
さなかったとしても目の状態を悪くする。覚悟を
もって手術をしたいと思います」と言った。私の中
に、再び15年前の恐怖が蘇ってきた。同時に、私は
今何をしなければならないのだろう、見えなくなっ

たらどうやって研究を続ければよいのだろう、そうだ、とりあえず点字を覚えなければならない、いや、それより先に息子の世話はどうすればよいのだろう等々、答えのない質問を何度も自分に投げかけた。

　結局私が実際にしたことは、岩波新書『日本の憲法』、そして日本の昔話20話ほどをテープに録音したことと、英会話のレッスンを受け始めたことだけであった。テキストもノートも見えない中、授業は記憶だけが頼りであったが、こちらは何とか乗り切れた。試験については、問題をすべて選択式にすることによって、誰であっても採点補助ができるようにした。今となっては懐かしい思い出であるが、何もかもぼんやりとしか見えないことを嘆く私に対し、夫は言った。

「ぼんやりしか見えない方がいい場合もある。君の顔がはっきり見える僕の方がずっと不幸や」

　手術によって視力はいったん回復したが、１年も

しないうちに後発白内障となり、またもや不自由な
生活を送ることになった。その頃から、私の研究ス
タイルも変わり始めた。それまでのドイツ憲法に依
拠する形ではなく、日本における障害者の権利擁護
を目的とする論文を書くようになっていったのであ
る。きっかけは、言語障害者の選挙運動の自由が争点
となった公職選挙法違反事件であった。その後、対
人恐怖症ゆえに投票所に行くことができない人によ
る「郵便投票訴訟」や、議会における代読発言を求
め続けた発声障害のある議員の闘い等に関わり、結
果として実践的研究を続けていくこととなった。そ
の間にも左目の状態は悪化していった。後部硝子体
剥離、眼底出血、網膜裂孔等を発症したことによっ
て、硝子体は混濁し、研究にも教育にも何かと不自
由を感じるようになっていった。
　そんな中、研究を続けていく上で大いに役立った
のは、この十数年のパソコン等支援機器の進歩で

ある。同時に、職場では障害に対する理解を示して
くれる教員が徐々に増えていき、差別的な言葉が直
接私にぶつけられることはほとんどなくなったため、
精神的にも自由な研究教育活動を行うことができた
時期であったと言える。

　硝子体混濁がひどくなるにつれ、夜間の外出が困
難になってきたので、私は駅直結の、夜でも明るい
マンションに転居した。これによって通勤はかなり
楽になった。しかし見えにくいという状態はさらに
進行していった。短期間のうちに、人の顔がゆがん
で見えるようになり、そのうちテレビの画面が見え
にくくなり、明るい屋外から室内に入ると人の動き
を認識することさえできなくなってきた。この時最
初に紹介された医師は、「緑内障で、良くなる見込み
はない」と断定した。その冷ややかな言い方はドク
ハラとも呼べるもので、付き添いの夫を怒らせ、「別
の医者に行く」と言わしめた。

次に紹介された医師は、「炎症が起こっている。眼球内に出血もある。ステロイドで治療していきましょう」と言った。実際この治療によって「黄斑部浮腫」が引き起こしたゆがみは改善され、視力をある程度取り戻すことができた。ただその状態は1年も続かず、私は4度目の記憶力頼りの講義と試験を実施しなければならなくなった。その時の医師の説明によれば、硝子体混濁がひどく、確認することはできないが、眼底で何かが起こっているようだ、だから硝子体手術と、おそらく網膜剥離の手術を行うことになるだろうということ、長時間の手術になるので視神経がもたないかもしれないが、今回がポジティブな手術の最後のチャンスであるということであった。夫が即答した。「やってください」と。

　夫と結婚して44年になる。そのうち19年は単身生活をさせた。しかしその時も含め、夫は常に研究者仲間であり、よき指導者であり、崩れそうにな

る私の杖であった。私は、女性研究者が１割もいな
かった法学分野で、幸運にも専任の職を得ることが
できた。それだけでなく、育児や介護に追われる中、
20回近い入退院を繰り返しながら、こうして36
年間働き続けることができた。既に退職して２年に
なるが、私の歩んだ短大教員としての足跡は、どこ
かに残っているのだろうか。最後の手術をしてから
15年。視野狭窄のため障害等級は２級となったが、
今も私は、小さな窓から憲法を見つめ続けている。
　この十年、大学教員の職務は質的にも量的にも大
きく変容してきた。これから働こうとする若者たち
の前には、私が働いていた頃にあった障壁とは異な
るものが現れるに違いない。それでもなお、障害と
ともに生きる若き研究者にとって、越えられない障
壁はないと信じたい。

川﨑　和代（かわさき　かずよ）

1950 年　大阪府堺市生まれ
1982 年　大阪女子学園短期大学（現：大阪夕陽丘学園短期大学）に就職
2015 年　定年退職、大阪夕陽丘学園短期大学名誉教授、以後特別専任教員として 2018 年まで継続勤務

現在、堺市自立支援協議会当事者部会委員、大阪視覚障害者の生活を守る会会員

働く私たちから「ありがとう！」①
情報共有

「最近多いスクリーンショットによる情報共有。ですが写真や画像ではわからないので、Word データを送ってもらい、音声読み上げで確認できています」

「LINE のスタンプは音声読み上げに対応していません。そのため連絡には『了解です』など言葉でのやりとりをお願いしています」

入社してロービジョンとなり、定年を迎え、そして今

日本松　啓二

　就職したのは 1977 年、大阪府立の工業高等学校の設備工業科を卒業した 18 歳の春でした。設備工業科というのは、建築設備の中でも空調設備や衛生設備の知識と技術を習得できる学科で、当時大阪府下では唯一、全国でも珍しい学科でした。当然、入学当初からその知識を生かして働くことを目標としており、予定通りの就職でした。仕事の内容は工事現場において協力会社や職人を手配し、現場を施工してもらい、それを管理監督すること、わかりやすく言うと現場監督です。当時から近視ではありましたが、矯正すると両目ともに 1.2 の視力がありました。病気の自覚もなく、16 歳で自動二輪（限定解除）、18 歳で普通免許を取得し、プライベートでは

車やオートバイの運転も楽しんでいました。

　障害が判明するきっかけとなったのは、32歳の時のことです。車の運転中、国道のトンネルに入った瞬間、目の前が真っ暗になりました。慌てて急ブレーキを踏みましたが、そこに後続車が追突しかけるというトラブルが起こったのです。このトラブルの後、私は眼科を受診しました。そこで初めて、自分が網膜色素変性症という病気であることを知ったのです。当時私は大きな病院につてがあり、眼科の部長という肩書の方から診断を受けたのですが、病名の告知に続け、何の配慮もなく「現代の医学では治療法はなく、将来的には失明します」とあっさり言われたことが、今も脳裏に焼き付いています。

　これを機に、楽しみの一つであった車やオートバイの運転は控えるようにしました。仕事については、その時点では問題がなかったことや、将来的に失明すると言われてもイメージできなかったことから、

会社には何も報告しませんでした。このままこの仕事を続けていこう。私は一人、そう決めました。ただ、他人に迷惑をかけてはいけないと、移動はすべて公共交通機関を利用するようになりました。

　時は経過し、40歳を過ぎたあたりから、仕事においても徐々に視力の低下を意識するようになりました。なんとか騙しだまし業務を続けていましたが、図面の文字やパソコンの画面は見えづらくなる一方でした。今まで通りの仕事を続けるのはもう限界だ。そう決断し、会社への相談と障害者手帳の申請を行いました。交付された手帳の等級はいきなり2級でした。現場の管理は労災事故も含め危険を伴うことから見直しを進め、事務所での業務へと変更になりました。46歳の時のことでした。

　視力の低下を補い仕事を続けるにあたり、当時の高齢・障害者雇用支援機構（現：高齢・障害・求職者雇用支援機構）に助成金を申請し、拡大読書器と

パソコンの画面拡大ソフトを導入してもらうことができました。この頃はまだ必要に応じて現地へ出向き、サポートとして同行した若手社員の訓練も兼ね、現場での業務も行っていました。その後担当部署は建設工事の現場管理の部署から建物の維持管理、警備、清掃を担当する部署へと変更になりました。

　50歳を迎える頃から、さらに視力低下が顕著となりました。業務は現地に出向く必要のないものということで、事務所においてISO（国際標準化機構）に関わる社内管理システムのうち、QMS（品質マネジメントシステム）とEMS（環境マネジメントシステム）に関する業務、若手社員が作成した提案書や見積もりのチェックと指導などを行うようになりました。また目の負担を軽減する上での会社側の配慮により、再度助成金の交付を受け、パソコンの音声読み上げを行うスクリーンリーダーを3種、導入してもらうことができました。複数の社内システムに対

応するため JAWS と PC-Talker、そして PDF ファイルにも対応できるらくらくリーダーという OCR ソフトです。

　しかし当時、視覚障害者が在職中にパソコン操作の訓練を受けられる制度はなく、音声による操作を習得するには独学で試行錯誤するしかありませんでした。そのため視力低下が進行するにつれ、対応できる仕事は量も速度も限界が出始めていました。もう騙しだましは効かない、自力で頑張るのもここまでなのか。見えなくなっていく中でいくつもの葛藤に苦しみました。

　単独歩行にも限界を感じ、白杖を持って歩くことを受け入れることにしたのもこの時期でした。それは心が最後まで抵抗していたことでした。しかし白杖を持ったことにより、職場の仲間たちの認識が明らかに変わり、いろいろな面においてサポートしてもらえるようになりました。ただ目が悪いと言って

いるだけでは、イコール弱視という理解はしてもら
えなかったようですが、白杖を使っているイコール
全盲というイメージなのでしょうか。その後定年ま
でほぼ同じ業務に従事できたことは、周囲の協力と
会社側の理解あってのことです。

　障害者雇用に関して一定の理解のある会社ではあ
りますが、社員の目が見えなくなっていくという初
めてのケースにおいて、対応に苦慮したのではない
かと思います。目が悪い、見えないということは概
念としてはわかっても、どのようにサポートすれば
よいのか具体的にわかるという人は少ないのではな
いでしょうか。そう考えた私はいろいろなところに
出向いて収集した情報を整理し、こちらから具体的
に会社側に伝えるようにしました。情報収集のため
に参加したのは、JRPS（日本網膜色素変性症協会）、
きんきビジョンサポート、視覚障害をもつ医療従事
者の会（ゆいまーる）、タートルの会、HOTPOT の

会、日本ライトハウス、大阪市と大阪府の視覚障害者福祉協会、視覚・聴覚障害者センター（堺市）、京都府視覚障害者協会などのイベントや交流会です。そこで知り合った仲間たちとさらに交流を深めることで、より広く情報が収集でき、多くの知識を身につけることができました。

2019年の3月をもって定年退職となりましたが、役付を解除してもらい、引き続き常勤の嘱託社員として、同じ業務に従事しています。現在、嘱託社員として2年目となりましたが、65歳まで勤務することができそうです。移行の際、産業医からの助言で会社に意見書を提出し、ラッシュアワーを避けるために勤務時間を変更してもらいました。産業医は半年に1度会社に訪問して相談に応じてもらう契約でしたが、役職を解いてもらったタイミングに合わせてこちらから相談しました。産業医に相談することで配慮が受けやすくなるという情報は、視覚

障害当事者の方の経験談を通して知ることができました。

　私は恵まれた環境で働き続けることができたと感じています。会社発足5年目、大阪での定期採用者としては3人目の社員であり、創業当初の暗中模索の時期から関わるメンバーだったことからの待遇ということもあったのでしょう。しかし、自分は今のまま仕事を続けていけるのか、続けてもよいのか、会社に迷惑をかけることはできない、転職したほうが良いのではないかなど、多くの中途障害の方がぶつかるであろう壁に私も対峙しました。ですが、自問自答を繰り返し悩み抜いた末に私がたどり着いた結論は単純なことでした。

「続けることができる限り、頑張って働こう」

　退職するのは簡単です。しかし、在職中に障害者となり退職することは、今後同じようなケースが起こった場合に、雇用する側、される側のためにも

よくないのではと判断しました。だからこそ私は社会福祉制度や助成金の制度、各種支援団体によるサポート体制の活用など、本人にとっても会社にとっても有益となる情報の取得に努めたのです。有益な情報を得るためには、視覚障害当事者はもとより、支援に関わる多くの方々との交流とご縁が非常に大きな力となりました。そこから得た情報を提案し、共有し、活用することで、視覚障害者でも働き続ける環境を作ることができるのではないか。その思いで、こうして孤軍奮闘しながら道を拓き、多くの支えを得て歩き続け、今に至ることができました。

　現在、障害を抱えながら現役で働いておられる皆さんへ。

　皆さんのお勤めの会社の環境や、おかれている立場もそれぞれに違うと思いますが、私のような者のお話が、少しでも参考になり、継続して働き続けるためのお役に立つことができればと思っています。

そして、大それたことではないのですが、私たちの
頑張りが、少しでも後輩の方々への道しるべとなる
ことができるのではないかとも思っております。そ
れぞれの場所で、共に頑張りましょう！！

日本松　啓二（にほんまつ　けいじ）
1959 年　大阪生まれ
1977 年　建設会社に入社
建設現場の機械設備施工管理に従事
32 歳の時に網膜色素変性症と診断
視力の低下とともに担当業務を変更
2019 年　定年退職に伴い常勤嘱託社員として、現在は建物維
　　　　　持管理と警備、清掃業務を担当
大阪府網膜色素変性症協会（JRPS 大阪）会長

25

自己暗示の功罪

清林　哲

　COVID-19の猖獗(しょうけつ)で世界が混乱する2020年現在、52歳になる私は公的研究機関で研究職として働いています。週2回程度は在宅勤務もあります。1999年に健常者として入所しましたが、実は幼少からの夜盲があり、入所当時の視力は矯正で0.5程度でした。しかし私は数十年にわたり、周囲にのみならず自分自身に対しても自らのハンディをごまかし続けておりました。すなわち、自分は周囲と変わらない「普通の人」なのだと。この永きにわたる「自己暗示」が現在に至っても私の生き方にさまざまな影響を与えているように思います——陰にも陽にも。

　入所後しばらくは高圧ガスやさまざまな化学薬品を使い、部下や学生と共に大所帯で現場での実験を

しておりました。しかし、15 年ほど前に急速な視力の低下に見舞われ、5 年前にはついに職場に自身の見えにくさを白状し障害者雇用となりました。現在は安全管理上の問題から現場を離れ、少人数で物理・化学的理論研究に取り組んでいます。

　もはや歩行は白杖が必須、携帯電話は完全に音声のみで使用しております。パソコンは大きな画面を白黒反転してかなり拡大するとどうにか文字が見えるので、PC-Talker、らくらくリーダー、拡大鏡と卓上拡大読書器などでなんとか PDF 文書や大型計算機の端末画面などと格闘しております。これらのソフトウェアや機器は、所内の「バリアフリー推進室」にすんなり工面してもらえました。公的機関なのでこうした支援機器の導入には恵まれており感謝しております。ただし、多くの方が仕事で使われている Word や Excel はほとんど使いませんし、音声で使う能力も持っていません。勤務では、パソコン

上での作業をほとんど PC-Talker 付属のテキスト作成ソフト「MyEdit」で行っています。PC-Talker の付属品なので、視覚障害者にはなかなか都合よくできています。ちょっとしたメモや予定はもちろんのこと、メールもいったん MyEdit で書いてからコピー、普通の文書も MyEdit から（しぶしぶ）Word にコピーして、あとは同僚にレイアウト調整をしてもらっています。さらに、数式やギリシャ文字などを多用しなければならない研究上の文書なども、今は100 パーセント MyEdit で書いた上で、「LaTeX」という、米国の数学者が作った無料の、でもかなりマニアックなソフトウェアを使って処理しています。

　（ご興味のある方は調べてみてください。Windows でも Mac でも Linux でも提供されています）さらにさらに、大型計算機に複雑な科学計算を行わせるための命令を並べたものも MyEdit で書いて送り込んでいます。

これらのことは、私一人の力ではなかなか到達できません。やはり周りの人々の力が頼りです。最近の私はこれらの頼りになる人々を「同僚」とし、チームプレイで仕事が回っていくような感じです。その際、彼らに助けてもらう以上に私が手助けできることを考えるように努めています。

　小学生の時、黒板やボールが見えない、夜の学校行事に参加できないなどにより、教師も含めた周囲からのいわゆる「いじめ」に遭遇した私は、自分も周りと同じ「普通の人」と思いたい一心から、とにかく人に助けてもらうのが嫌になりました。授業でわからないことがあっても（その原因が黒板が見えないことでなくても）教師に聞けず、道に迷っても人に聞けず、夜道で溝に落ちてかなりの怪我をした時も人に気づかれないよう現場から逃走することが最優先……おかげで高校・大学・大学院そして国外留学においてもほぼ独学でした。これはなかなかき

つい体験でしたが、同時に思考様式においてはかなり鍛えられたと思い込んでいます。そして勉学において単独行動だったからこそ、普段の生活での人々との交わりが精神的に大きな支えになりました。大学院まで続いた部活動への積極的な（時には度を越した）参加、さまざまな国籍の人たちとの、お互いの文化や社会に関する（朝まで酒を飲みながらの）激しい議論。これらを通じて悟ったのが、自分にできることとできないことを理解し、できることに専念すること、そしてできることを活かして、助けられる以上に報いるべきということでした。しかしなかなかそれを徹底的に実践するというところには至りませんでした。視力低下が顕著になり、私の中でできることとできないことの均衡が失われていったのです。

　それまではいわゆる墨字（点字に対して、手書

きや印刷された文字のこと）の文書を手許（てもと）に置いて読むことにさして困難を感じていなかったのが、2007年頃より視界が曇るとともに文字の一部が途切れたりして、徐々に読書がしづらくなっていきました。しかし、独学もすべて読書で行ってきた私は頑（かたく）なにその事実を否定し続けました。昼間でも溝に落ちるようになりましたが、白杖は断固拒否しておりました。そんな私を心配した家族は、障害者手帳の申請、適切な病院探し、拡大読書器・白杖・歩行訓練の手配など文字通り東奔西走してくれました。それでも私の頑なな思いは動きませんでした。「人の負担にはなりたくない」との固陋（ころう）な自己暗示が結果的に家族にとって甚大な身体的・精神的負担となり、不可逆な事態を招きました。

　最近、漸（ようや）く私の心が動き始めたのでしょうか。自分にできることへの専念、そして自分がしてもらう以上に人に返すという若い頃の悟りに基づき、そ

の延長線上で人に任せるということができるように
なってきました。具体的に示してみます。私が関わ
る理論計算は、もはや Excel などでは実行不可能で、
大型計算機に計算させるにはプログラムを作らなけ
ればなりません。私もほんの少しプログラミングの
経験があるので、20 年前の私なら「人の世話には
ならない」と自分でやろうとしたでしょう。しかし
今は違います。私が専念するのは物理・化学現象を
数式に直す考案までで、これをプログラムにするの
は同僚の一人、IT 専門家です。MyEdit で命令を書
き、その命令が並んだテキストファイルを大型計算
機に送るだけでプログラムが動くように、IT 専門
家の同僚がプログラミングしてくれています。計算
結果も MyEdit で開くことができます。何よりも、
IT の専門家として私より100 倍速くプログラムを
作り、そのプログラムが私が作ったであろうものよ
り100 倍速く計算を実行してくれます。このチーム

プレイで1万倍速く仕事が進みます。つまり、彼との共同作業なしには今の私の研究は実質的に存立不可能なのです。私が彼に何を返したか、を述べるのはちょっとおこがましいですが、あえて言えば「必要とされる居場所」かもしれません。私と共同研究を始める前、彼は彼で「一体何の研究をしたらいいのか」と迷っていたようです。IT専門家ではあるものの、物理や化学は勉強した経験がほとんどなく、ちょっと居場所に困っていたようなところもありました。今はすっかり水を得た魚のごとく、その天性でもって材料研究開発に人工知能をいかに取り入れるか、などに精力的に取り組んでいます。

　任せることと専念すること、自分がしてもらう以上に人に返すチームプレイは他の場面にもあります。研究では机上の理論だけでなく、どうしても実験データが必要です。20年前の私ならやはり「他人の測定結果は信用できない」という思考だったでしょ

う。今、別の同僚は、測定原理から考え直して測定装置まで自分で作り、信頼性の高いデータを私に提供してくれます。私が任せたこと、してもらったことに対して何を返しているか？　これまた口幅ったいですが、例えば彼が英語で論文を書いたり、少し複雑な計算をする際、私なりに丁寧に手伝うようにしています。

　以上のように、持ちつ持たれつ Win-Win の関係で、今のところ何とか同僚たちとチームプレイをやっています。同僚の多くは 10 歳以上年下ですが、私にとっては部下ではなくあくまで同僚です。おかげで皆さん気軽に同行援護や代読・代筆などもしてくれて助かります。「人の世話になるのは嫌」という私の性分、その感覚が消失したのかどうかはまだ判りません。それでも、とにかく借りた以上に返したいという自己満足な主義はそれなりに回転しているようです。

ところで、仕事は順風満帆かというとなかなかそうとも言えません。上記はあくまで同僚との関係です。組織は、確かに必要な機器やソフトウェアを惜しげなく提供してくれます。それは大変ありがたいことです。しかし時折「無理をするな。何かあったら組織が責任取らされるんだから、仕事はいいからじっとしていてくれ」という雰囲気を感じずにはいられません。「努力」を「無理」と解され、仕事の内容ではなく「組織の責任」を持ち出されると、私には反論の余地がありません。時には身近な人々からも「無理に仕事しなくても年金で……」と仄（ほの）めかされたりもします。障害者は一方的に助けを必要とする存在、無理をしている可哀想な存在という社会の受け止め方、その感覚は越えがたい壁です。障害者に対するソフト・ハード両面においての合理的配慮が提唱される中にも、見えない壁はまだ高いと感じます。思えば、人の負担にはなりたくないとの固陋

な自己暗示も、私の中の心の壁であったかもしれません。可哀想な存在という社会のレッテルから身を守るため、いつしか身につけた「自分は普通の人なのだ」という自己暗示から生じたこの壁は、人生の陰陽となって今も私の中にあります。もはや消失することはないようにも思います。ですが、社会は人の集まりです。同じ思いの人が集まり、交流し、思いを分かち合えば、チームプレイの力で計算外の化学反応が起こるかもしれません。内外の壁を崩すべく、共に声を上げていきたいものです。「私たちは普通に生きるために無理をしているのではない、努力しているのだ」と。

清林　哲 (きよばやし　てつ)
1968年　高知市生まれ、奈良で育つ
幼少より夜盲と低視力なるもごまかし続ける
1999年　健常者として国立研究所入所
2010年　障害者手帳2級を取得するも職場には伝えず

2015年頃　ようやく職場に伝え障害者雇用の扱いに
現在　主に計算機を使った理論研究に従事

寄り添いサポートプラスα①
手引きの仕方

1. 「白杖の方」「盲導犬と一緒の方」など自分が話しかけられているとわかるように声をかける。
2. 白杖を持つ手の反対側に立ち、つかんだり引っ張ったりせず、肘か肩につかまってもらう。
3. 相手の歩く速さに合わせ、階段や段差の手前では上りか下りかを、曲がる時は左右を伝える。
4. 目的地に着いた時や手引きを終える時には「〇〇に着きました」「ここで失礼します」等と状況を伝える。
詳細は日本点字図書館のHP等をご参照ください。

拝啓　皆様へ
働き続ける喜びをありがとう

西本　明弘

　私は、京都の株式会社堀場製作所に勤務しております。大学卒業後、新卒で入社し、かなり見えにくくなった今も勤務を継続しています。

　1985年に入社した当初からの業務は、計測機器製品の組み込みソフトウェアの開発でした。2000年頃、視野の中心部分にゆがみが生じ、違和感を覚えるようになりました。病院に行ったところ、目の中にクリスタルのようなものがあるのがわかり、詳しく診療してもらうために京大病院を受診しました。そこでいろいろな検査をした結果、やはり眼球の中にクリスタルのようなものがあり、それが網膜の焦点部分に付着したという説明を受けました。病名は、クリスタリン網膜症とのことでした。この時点では、

この疾患が網膜色素変性症の類縁疾患であるとは知りませんでした。夜は少し見えにくさを感じることがありましたが、視野の真ん中のゆがみはあまり進行せず、しばらくは業務や趣味、運転など、これまでの日常と変わりのない生活をしていました。

　2009 年に入り、突然、昼間の運転でも暗くなったり見えにくくなったりすることが多くなってきました。心配になり、病院に行っていろいろと質問し、インターネットでも見え方などの情報を探したところ、網膜色素変性症と同じような症状であることがわかりました。会社で上司と話し合いを行い、業務は製品のソフトウェア開発の仕様作成やテスト業務にスライドしていきました。また車の運転が難しくなってきたので、妻とも話し合いをしました。その結果、ほとんど運転をしていなかった妻がペーパードライバー教習に通い、私に代わって運転してくれるようになりました。その後も少しずつ焦点部分か

ら視力が失われ、全体的に白さが増して見えにくくなり、好きな読書さえできなくなっていきました。何度も病院を受診したものの、治療もできず、特効薬もなく経過観察のみで、今後どうしていけばよいか途方に暮れる毎日でした。そんな中、京都府視覚障害者協会で、音声で読書ができることを教えてもらった時は嬉しかったです。またいろいろな本が読めるとわかったことで、少し元気が出る日もありました。

　2014年頃より、産業医や上司、人事とも話し合い、現在の業務内容や勤務時間の見直しを行ってもらいました。その結果、製品のソフトウェアの部品登録や管理、文書の管理等の業務を担当することとなりました。またこのタイミングで、パソコンの音声読み上げソフトを導入してもらうことができました。勤務時間は、暗くなる前に帰れるように短時間勤務、30分繰り上げ勤務となりました。プライベー

トでは、京都府視覚障害者協会に紹介してもらった
視覚障害の友人と連絡を取り、飲み会に参加したり
するようになったことが、少しずつですが前向きに
考えられるようになる助けとなりました。

　2015年には目の焦点部分から徐々に周辺が見え
にくくなり、視力も0.05以下になっていきました。
医師から「この病気は今後見えなくなってしまう病
気である。少しずつ進行し、いつの時点で見えなく
なるかはわからない」との説明を受けました。事前
にインターネットで情報を入手してわかってはいま
したが、かなり見えにくくなった中で、改めて医師
から直接告げられた時のショックは大きかったです。
妻に医師からの話を伝えたところ、「仕方ないか」と
一言。その時の妻の心中がどんなものであったのか、
実際のところはわかりません。きっと諦めやこれか
らの不安など、いろいろな思いが入り交じっていた
のではないかと思います。それでも私は、その言葉

を励ましと受け取りました。先の事を考えると、私には大きな不安しかありませんでした。妻の「仕方ないか」の言葉には、そんな私の心に安堵をもたらす響きがありました。妻の言葉のおかげで、少し肩の荷を下ろすことができたように思います。また当時の上司にも目の現状や今後の進行について伝え、これからの業務をどうしていこうか相談しました。視覚障害の友人にも、どのような業務があるかを聞いたりして情報を集めました。相談から１週間後、上司は「これからの業務を考えるのではなく、現在の業務を続けるためにどのようにしていけばよいか、どのようにサポートすれば続けられるかを考えていこう」と言ってくれました。その言葉に、何か今後の見通しが立ったような気持ちになりました。この年の年末からは、通勤の不安を減らすため、週３日の在宅勤務も取り入れることとなりました。その際、会社と同じ環境で業務をするために、大型液晶モニ

ターやノートパソコン、キーボード、マウスを貸し
てもらうこととなりました。

　さらに2016年には、産業医や京都ライトハウ
スの方と面談し、白杖を使用した通勤路の歩行や点
字のトレーニングを、勤務時間内に受けることがで
きるようになりました。私の希望で始めた歩行のト
レーニングは、家の周りからスタートしてもらいま
した。その後10回ほど、バスや電車を含めた通勤
路での歩行トレーニングを受け、経路の中での注意
点、白杖を使用する中での注意点を確認していきま
した。点字については産業医から、日常生活で必要
ではないかとのご提案をいただき、無給ではありま
すが勤務時間内でトレーニングを受けることができ
ました。点字は半年間、週1回京都ライトハウスに
通って教えてもらいました。この時習得した歩行時
の白杖の使い方や簡単な点字の読み取りなどのスキ
ルは、私の生活になくてはならないものとなってい

きました。またこの時、スマートフォンのトレーニングもあることを知り、少し教えてもらうことができました。音声読み上げを利用して操作できるとわかったことで、見えづらい中でも情報の取得やメール、SNSなどが行えるようになり、いろいろな場面で大変役立っています。他の視覚障害者との交流も広がり、有益な情報をもらったり、その情報を展開したりもできるようになりました。

　これまで、何度も落ち込みました。そんな時支えとなったのが、京都府視覚障害者協会の相談員さんや、そこからつながった京都の就労されている視覚障害者の会の友人たちの存在でした。皆さん経験談を通して、どのようにすればよいかを一緒に考えてくださったり、アドバイスをくださったり、時には飲み会で一緒に笑い合ったり。楽しい時間を過ごし、皆で話をすることで、一人で悩んでいた状況を何度も助けてもらいました。この会では特に新たに入ら

れた方に対して、その方の現在の問題や今後どのように生活していけばよいか、会社との交渉をどう行っていけばよいかなどを、メンバーで考えてアドバイスをしています。私自身も、これまでの経験が誰かの希望になればと、会社との交渉や使用している補助機器、業務形態などについてお話しすることもあります。

　現在、目の状態は左目が目の前で手を振るとわかるぐらい、右目が0.03ぐらいになってしまいました。中心部分はほとんど見えない状態で、全体的に白い霧の中にいるようになり、それが徐々に悪化しています。しかし職場では過度なサポートはしてもらわずに、業務が難しい時や記入などしてもらいたい時、音声ではわからず見て確認してもらいたい時などに、こちらから声をあげて対応してもらうようにしています。サポートを受けながら、変わらずに業務を続けられていることに、上司や仲間に大変に

感謝しています。

　最後に、仕事や生活を支えてくれる家族には、言葉に表せないぐらい感謝しています。特に妻には、通勤時に車で駅まで送迎してもらったり、休日に一緒に寺社仏閣巡りに出かけることなどを通して本当に助けられており、心から感謝しています。

　これからもいろいろなことがあると思います。そんな時は苦しい悩みを一人で抱え込まず、会社の仲間や友人、家族等に少しでも話ができれば楽になれると思います。助けてもらったり、またこちらから助けたり。そうやって繰り返しながら、長い人生ゆっくりと生活していきたいです。

西本　明弘（にしもと　あきひろ）
1962年　京都市生まれ
1985年　京都の株式会社堀場製作所入社
計測機器のソフトウェア開発に従事

2000 年　クリスタリン網膜症と診断される

2009 年　目の状態が悪化し、視覚障害 2 級となる

2014 年　さらに状態が悪化してきたため製品のソフト関係の
　　　　　管理業務に変更となる

2015 年　在宅勤務を併用しての業務となる

2016 年　就労を継続しながら、京都ライトハウスで歩行や点
　　　　　字のトレーニングを受ける

寄り添いサポートプラスα ②
配膳等の伝え方（クロックポジション）

視覚障害者は「あっち」「こっち」と指をさされてもわからないので、手で触れにくいものの配置を伝えるときに時計の文字盤に例えて説明する方法があります。これをクロックポジションといい、テーブルに並んだ料理の説明等に使われます。

　　例「2 時の方向にサラダ、5 時にお味噌汁、7 時にご飯、
　　　　10 時にハンバーグがありますよ」

職場におけるよりよい人間関係づくりに飲みにケーションを大切にしている方も多いですので、ぜひ使ってみてください。

心優しい豊かな想像力を

小林　明博

　令和となって最初の正月、箱根の山を駆け抜ける
ある大学生駅伝ランナーのラジオ実況を聴き、久し
ぶりに心震える感動を覚えました。最終区におい
て区間新を達成するとともに、チームを11位から
9位に押し上げ、次年度のシード権をも獲得した彼
は、生まれつきの目の難病である網膜色素変性症で
した。暗所が見えにくいため、夜間には他の選手と
別メニューで練習を繰り返す中、チームでもう一人
同じ難病を持つ選手と競い合い、お互いを高め合っ
たといいます。レース終了後の「一歩を踏み出せな
い人に勇気を与えられる走りができた」というコメ
ントからは、ハンデを抱える人へのエールの思いが
伝わってきました。彼の将来の夢は小説家になるこ

とだといいます。おそらく駅伝レースの中で、いや
そのずっと前の練習の過程から自分の理想とする話
の筋書きを想像し、ポジティブなイメージを創り上
げることが、理想の実現に役立ったのではないかと
思います。

　かく言う私も中学生の頃に網膜色素変性症と診断
され、病状は徐々に進行し、現在はわずかに物影が
わかる状態となりました。箱根駅伝でのランナーの
快走により、この難病が多くの人に認知されたのも
喜ばしいことだと思います。

　ここで少し、私の障害進行の過程をたどってみた
いと思います。13歳の頃、野球少年だった私は暗
いところで他人よりボールが見えにくいことがわか
り、検査の結果、網膜色素変性症と診断されまし
た。夜間の行動に多少不便はありましたが日常生活
には支障なく、大学卒業後、1987年に一般募集の
採用試験を受験し、現在の大学に就職しました。車

の免許も取得しましたが、夜間の運転は控えていました。仕事には支障なく、3年後の1990年に大学事務の教務課から大学図書館職員へ配転となりました。1995年、31歳で結婚した頃からやや視野が狭くなっていると自覚するようになり、ほとんど運転はしなくなりました。36歳の頃、視野狭窄が進行し視野範囲が中心5度程度となったことを受けて障害者手帳取得を勧められ、2001年、37歳で2級を取得しました。職場に申告し、大学入試監督応援業務等の通常外業務を免除していただきました。41歳頃から必要に応じて白杖を使い始め、46歳の頃には慣れた場所以外は常時白杖を持ち歩くようになりました。また左目の視野がほとんどなくなり、PC画面を片目で見るようになりました。画面の白黒反転やマウスポインターの拡大等アクセシビリティ機能を利用するようになり、仕事でルーペや携帯用拡大読書器を使うようになりました。49歳で視野の

低下とともに右目の視力も 0.3 程度まで低下したため、職場の PC に音声ソフトとスキャナ等の周辺機器を公費申請にて導入してもらいました。2015 年、51 歳の時、白内障の症状も進行し、1 か月あけて片目ずつ手術をしたものの、若干視力が改善されたように感じたのはほんの数か月で、すぐに元の見えにくさに戻りました。翌 2016 年には PC 画面上の文字が読めなくなりました。職場へ申告したところ、できる範囲の仕事をするようにとの指示があり図書館事務業務を継続。この頃から、日常生活では同行援護サービスを利用し始めました。同年 4 月から 2018 年 3 月までの 2 年間、日本ライトハウス視覚障害リハビリテーションセンターへ通い、PC のタイピング（ブラインドタッチの練習）及び音声ソフトの使い方、白杖での歩行訓練、点字等を受講しました。週 1 回の通所は職場の好意により出張扱いで、仕事を続けながら行うことができました。2018 年

4月より通常業務に戻り、56歳の現在も勤務を継続しています。現在、両目の視野5度以内、視力は右目0.01、左目手動弁にて身体障害者手帳1級です。

　障害の進行と併走してきた道のりにおいて、白杖を常時使わないと移動が難しくなった時、PC画面の文字が読めず、他人の顔も認識できなくなった時にはさすがに落胆を隠せませんでした。しかしこの難所を通過することは、私の心情に大きな転機をもたらしたように思います。それまではわずかなことに動揺し、自尊心を傷つけられたと感じたり、他人に対して劣等感を持ったりと、常に自己嫌悪や被害妄想などマイナス思考が優位に立っていました。見えない・見えにくい生活に失敗はつきものです。白杖を常用するようになってからも、道路わきの車止めや電柱に頭や足をぶつけるのは日常茶飯事で、階段を踏み外す、駅のホームと電車の間に片足を落とす、他人が座っている座席に上から腰かける、行列の

最後尾の位置がわからず横から入って怒られる等々、現在でもさまざまな場面で失敗を繰り返しています。ただ、ある程度見えていた時と比べると、失敗が尾を引くこともなく、次はもう少し慎重に行動しようと思うだけで、外聞もほとんど気にならなくなりました。過剰に羞恥心が出ることもなく、あがり症の性格さえ改善されたような気がして、どんどんポジティブ志向に変化する自分を楽しんでいます。私にも良いイメージを創り出す想像力が養われてきているのかもしれません。

　そんな中、大学職員としての勤務は今年34年目を迎えました。最初の3年は教務部門で、その後は図書館に居座っています。学生からは、彼らが学習している間を白杖片手にうろうろしている図書館のおじさんと認識されているのではと思います。平成時代のほとんどを図書館の職員として勤務させていただいたことは大変幸運であったと感じています。

現在の私には、活字の本を直接読むことはもうできません。学生には、情報リテラシー能力やコミュニケーション力向上のために本を読むようにと、図書館ガイダンス等の折に触れては偉そうに言ってきたのに、その自分が必要な「読み」「書き」がままならないのです。視力が落ちていく中、本が読めないというのは図書館職員としては致命的なことなのではないかと悩み、何より、私が大学図書館の役割として大切にしてきたレファレンス（利用相談）業務ができないことがつらく、しばらくは失意を隠せませんでした。しかし次第に、周囲の支えを励みに、「読み」「書き」ができなくても「聞く」「話す」ができればコミュニケーションはできる、インプットした情報を選択しアウトプット、つまり「伝える」ことはできると考えられるようになりました。現在は実務の前線からは引っ込み、事務室内にて図書館活動の企画、経営管理等を担当させていただいてい

ます。

　IT 技術の向上に伴い、音声ソフトや拡大読書器
等の支援機器、デイジー図書、スマホのアクセシビ
リティ機能等を活用してできることが増えたことも
大いに助けとなっています。ロービジョン者にとっ
ては便利な世の中になりました。図書の分野におい
ても、近年、視覚障害者等が判読しにくい印刷物を
利用しやすくして、発行された著作物を利用する機
会の促進を図るマラケシュ条約を日本が批准し、そ
れに伴い読書バリアフリー法や著作権法 37 条の改
正等法整備が進んでいます。デイジー図書のコンテ
ンツは大衆向けの本や雑誌を中心にデジタル化され、
サピエや貸出しにて障害者へ提供されるものが増え
続けているのは、これまでの人生の大半を図書館業
務に従事してきた者としても、その恩恵を享受する
当事者の一人としても喜ばしいことだと感じていま
す。一方、障害のある学生や研究者が学習研究用に

利用したい図書はまだ不充分であり、今後に期待が寄せられます。

　人は外部からの情報の約80パーセントを視覚から、残りを聴覚、味覚、嗅覚、触覚などから入手すると言われます。その視覚に障害を抱えながらも勤務を継続してこられたこれまでの道中を振り返り、そこには自分自身の、そして周囲からの、そして社会の発展の中にも、情報の不足を補うための「豊かな想像力」が不可欠であったと感じています。私が勤める図書館は大学の一部署で、現在10名弱の同僚職員と10名余りの業務委託のスタッフで運営しております。私をはじめ身体面やメンタル面に障害を抱え、いったんはリタイアしながらもなんとか復帰し業務に携わっている者も少なくありません。そのような同僚からも支えをいただき、私は活かされています。障害者と健常者が混在する職場で、お互いの立場や気持ちを想像し、理解し合い、助け合っ

て良い人間関係が形成されています。生産性にはや
や物足りないところがあっても、誰もが継続して働
ける雰囲気の良い職場環境を創り出すことができて
います。

　現在、新型コロナにより世界に流行するパンデ
ミックの恐怖が、人々の心にも影響を及ぼしていま
す。強いられる自粛と経済活動の停滞などにより、
閉塞感と不自由さから逃れようとして社会的弱者を
攻撃対象にする人もいます。障害者雇用促進法の改
正や障害者差別解消法の施行以来、マイノリティに
とっては大変暮らしやすい社会となってきました。
しかしながら差別意識は法を整えても、社会の状況
や人々の境遇によって現れるでしょう。人の弱さは、
危機的状況に陥った時に露呈します。だからこそ今、
あえて「優しい」想像力をもって人に接することが
できれば、それはさらに他の人々に広がり、やがて
大きな協調を生むことでしょう。また、仕事の効率

が高まったと良い面がクローズアップされることの多いテレワークの普及ですが、人々が集団活動をしたり、対面で直接コミュニケーションをとることで生み出される他者への思いやりが希薄になるのではと懸念されます。特に障害への理解は、実際にその姿を見て、困っていることを想像することで深まり、それが障害者を取り巻く環境の改善にもつながります。健常者の助けや合理的配慮を得るためには、障害者自ら外に出て訴え続けることが大事です。もちろん訴えるだけではなく、対等な立場で共生社会を築き上げるための努力も惜しまないつもりです。その思いから、可能な限り仕事や趣味の関連において晴眼者が主催する会合に参加し、ロービジョンの立場への理解を深める機会としています。また、できるだけ相手の話をよく聞き、その思いや立場を理解するようにしています。たとえ見えなくてもお互いの印象を大切にし、常に明るい態度を心がけると同時

に相手には優しいイメージを持つよう意識して、よりよい関係を築くことに努めています。

　私は障害をもったこと以外には特別な苦労もなく、本当に恵まれた人生をたどってこられたと思っています。それは日本という平和な国民性をもつ国で、しかもこの時代に生を受け、両親や家族、職場環境や地域社会、同じように障害を抱えつつ働いておられる仲間など、私に関わっていただいたすべての人の支えがあったからこそです。私の障害はこれからさらに悪化するでしょう。しかしたとえ光が失われても、心の灯だけはともし続けたい。すべての人々に心優しい豊かな想像力が広がるよう、まずは私自身が優しい想像力をもち、一日一日懸命に生きていきたい。これからの人生は、仕事でも生活でも、障害があってもできる、または障害があるからこそできることに、ポジティブに貪欲に、小さな志と誇りをもって、わが道にチャレンジを重ねていきたい

と思います。iPS 細胞移植、遺伝子治療、人工網膜、薬の開発など目の難病に対する医療研究の急速な進歩により、もしかすると命が果てるまでに、また少しでも見えるようになるかもしれません。さまざまに色づく日本の四季の風景、人々が躍動するスポーツやイベントの映像、家族や親しい人たちの姿、そして鏡に映る自らの姿。もう一度この目で見て、感じたい。その夢の実現に期待を込めて、障害者に対する医療・教育・就労などの改善にも、皆と協力し合い、少しでもできることをしていきたいと思います。

小林　明博 (こばやし　あきひろ)

1963 年生まれ
大阪府羽曳野市在住
1987 年　関西大学文学部　史学・地理学科　卒業
現在、阪南大学図書館勤務

好きなこと　デイジー図書で時代小説を読むこと、シネマデイジーを聴くこと、時代劇を鑑賞すること、スポーツ観戦（特に阪神タイガースを熱く応援すること）、昭和歌謡やJ-POPのCDを集めて一人で歌うこと

一燈照隅

まずは身近な理解から

ときには「ごめんなさい」もあるけれど……

せっかく手助けの声をかけてもらったけど、ここは慣れた道。座ってくださいと勧めてもらったけど、次の駅でおりるので……「今日は大丈夫です」。

そんな時も、あたたかな声に優しさをいただいています。

声をかけること、辞退すること。今はまだどちらも少し勇気が要りますが、自然な笑顔を交わせる社会、共に目指していきましょう。

ごめんなさい、でもありがとう。

次回もよろしくお願いします！

視覚障害、幸運に驚きと感謝！

佐々木　土貴子

　物心ついた頃、私はいつもテレビを間近に行って見たり、両親が「飛行機飛んでるよ、見てごらん」と天を指しても「どこにぃ？」とちっとも見つけられなかったりしたそうです。そのためあちこちの病院で検査を受けましたが、どこの病院でも、左目はほとんど見えておらず、ぼやけた世界を見て世の中こんなもんだと思っていることなどを説明されたと母から聞いています。親戚には近視の者がいなかったので、両親はこの診断が信じられず、特に母は腰を抜かすほど驚いたと言っていました。当時の視力は裸眼で0.05ぐらいだったようで、眼鏡を手にすると「よく見える」と、嫌がることなくずっとかけていたそうです。思えばそれが40年以上の歳月を

経て錐体ジストロフィであるとの診断を受ける運命
の予告だったのかもしれません。

　子供時代は外で遊ぶことが好きで、若干の乱視も
ありましたが、特に問題なく過ごしていました。た
だ、中学の頃からバドミントンのシャトルが昼間は
見えにくくなり、妹とのバトミントンはいつも夕方
にやっていました。高校に上がると真新しい校舎や
外廊下、外階段の白さにやや眩しさを感じ、そのう
ちテニスボール、バレーボール、さらには茶色のハ
ンドボールも見えにくくなり、なぜなのか不思議に
思っていました。高校3年生頃からはコンタクト
にしましたが、矯正視力はそれまでもずっと1.0く
らいで、眩しさを除けば特に問題なく過ごせていま
した。大学も普通に受験し進学しましたが、1年ほ
ど経って日中の眩しさが苦となり、以降の生活では
外出時にかなり濃い色のサングラスが必要となりま
した。さらに、ある時研究室の先輩と話す中で、あ

313

れ？私の目、変かも？という場面に出くわしました。水色やピンク、黄色などのパステルカラーの区別ができていないことがわかったのです。

　就職活動を始めるにあたり、私はこの色弱のことが気になっていました。なぜなら、私は理科系学部を卒業し研究者になることを考えていたのですが、小学生時代に読んだ科学マンガに、色覚異常の人は検査技師、警察の鑑識、実験者などの仕事には就けない旨の記述があったように記憶していたからです。現在はそのような就職差別的なことはないのかもしれませんが、主治医だった近所の眼科医から詳しい検査を勧められ、地域の病院を受診しました。そこで告げられたのは、網膜に異常があるようだが、現代の医学では治療できない疾患であるということでした。製薬企業の内定前の健康診断でも軽い色弱と診断されました。しかし非常に幸運なことに内定をもらうことができ、研究所での勤務が叶えられまし

た。

　入社後約 8 年間の研究所勤務では、実験も特に問題なくできました。ただ、マウスの肺は私には黄色に見えていましたが、同僚からは「これはどう見てもピンクやろぉ！」と笑われたりしてましたけどね。その後本社に異動となり、医療機関からのデータ収集や解析、厚生労働省への報告書作成など薬事法に関連する事務業務に就きました。その頃（30 代半ばくらい）から、矯正しても視力が出なくなり、眼鏡をかけてもせいぜい 0.4 程度となりました。そのうち蛍光灯の白い光、オフィスや会議室の薄い色の壁、床、机など室内でさえも眩しくなり、仕事中もサングラスをかけるまでに至りました。当時は近視が進んだから？乱視のせい？毎日パソコンを見てるから？などと思いながらも日常が過ぎていきました。数年後、業務は変更ないまま他の事業所に移りましたが、今から 7 年ほど前にまた本社に戻ってきま

した。その際、本社の産業医が私の健康診断結果を見て、何年も視力が測定不能であることを気にされ、眩しさを訴えると、詳しい検査をするようにと病院を紹介してくださいました。就職前に受けた検査に加え当時は受けなかった検査も行った結果、「錐体ジストロフィ」であると診断されました。飛ぶように家に帰り、すぐにこの疾患をインターネットで検索しました。そこには治療法のない視覚障害であり、視野障害、矯正しても視力が出ない、色覚異常や羞明が特徴で、遺伝子異常が原因であることなどが記されていました。それらの症状や見え方は、まさに私が日々経験してきたことであり、長年にわたりわからなかった謎がやっと解けた気がしました。それは、ずっともやもやしていた気持ちが本当にすっきりした瞬間でした。

　診断後、ロービジョン外来を受診し遮光眼鏡を処方してもらい、オフィスや会議室の眩しさはいくら

か緩和されました。またそこで、日本ライトハウス
と働く視覚障害者の会（HOTPOT の会）を紹介し
ていただきました。初めて肥後橋の日本ライトハウ
スを訪れ拡大読書器を見た時、思わず涙が溢れてき
ました。それまで白い紙に印刷された 10.5 ポイン
トの明朝体の文字が大変読みづらく苦しい思いをし
てきたところに、こんな物があるんや！文字が大き
くなるだけでなく、なんと白黒反転までしてくれる
なんて！　ものすごい感動でした。本当に救われた
思いでした。さらに HOTPOT の会に参加するよう
になり、世の中に視覚障害の人がこれほどいたのか
ということ、私は他の当事者に比べるとかなり見え
ている方だということにも驚きました。中途で急速
に視力を失って転職や失職せざるを得なかった人達
がたくさんおられることも知りました。私の症状は
気づかないうちに少しずつ進んできたので、障害が
ありながらも自分の将来にあまり危機感を持たずに

ここまで来られたのは幸いなことでした。錐体ジストロフィと診断された約半年後、障害者手帳2級を取得しました。視力が5級相当、視野が2級相当です。HOTPOTの会のメンバーの中には、一人で歩くのに支障のある人でも私より手帳の等級が低い人もいて、これにも驚きました。

　現在、私は薬事法から離れて医薬品の情報提供に関連した業務に就いています。事務作業はこれまで同様パソコンで、読み上げソフトは使わず画面を見て行っています。最初に本社に移ってからこの二十数年の間に、パソコンは解像度が良くなり小型化しました。持ち運びの点では便利になった反面、表示が縮小され見えづらくなりました。これについては、数年前から20インチほどのモニターが導入され、モバイルパソコンも画面を拡大することで仕事がしやすくなりました。

　ところが2年ほど前、今流行の働き方改革の一環

でオフィスのレイアウトが大きく変化し、フリーア
ドレス制度が導入されることになりました。固定席
ではなく毎日違うところに座って仕事をすることに
なったのです。それまでは居室の隅の席で電灯を消
してもらって眩しさに対応していたのですが、この
制度は全員が対象となり例外はないと上司から言わ
れました。それまでの職場環境がなくなることへの
不安から、すぐに産業医に相談しました。以前病院
を紹介してくれた産業医です。上司とも話をしてく
ださり、プロジェクト担当者やレイアウト請負業者
の間でも対応を検討いただいた結果、私は固定席で
電灯の配慮もしてもらえることになりました。その
際特別配慮について周囲に理解してもらうため、自
ら PowerPoint で資料を作成し、私が視覚障害であ
ることや疾患、見え方について部内で説明を行いま
した。これを機に気を配ってくれる同僚も増え、新
しい職場環境にも慣れることができました。

さて、パソコンを使う事務作業ですが、以前は
Word や Excel を使っての書類作成などが主でし
た。しかし今は、複数のシステムにデータを入力す
ることが主になりました。システムには、画面の色
のコントラストが低い、拡大すると操作ボタンが画
面からはみ出すなど、機能は進歩しているのにロー
ビジョン者には使いにくい点があります。パソコン
が Windows10 になった時、社内イントラやグルー
プウェアのデザインも一新されました。ソフトの多
くがパステル調になり、標準フォントは細い文字タ
イプでその上色が薄く、拡大しても大変読みづらく
なりました。そこで私は社内の IT 部門に相談して
フリーソフトのインストールを許可してもらい、一
部のフォントについては改善することができました。
自分一人でする仕事であれば自分の見やすい作業環
境を作る（例えば Word や PDF を読む場合、白黒反
転する。自分で文書作成する場合、読みやすいフォン

トを選ぶなどの工夫をする）こともできますが、同
僚と共有する場合や既存のシステムを使う場合には
思い通りにいかないこともあります。システムを構
築する際、視覚障害者も一緒に仕事をするなんてこ
とは想定せず、見かけのデザイン性や流行の色など
が採用されるのは残念なことです。以前視能訓練士
の方から聞きましたが、北欧など福祉の進んでいる
国では銀行や役所で記入する書類は晴眼者にもロー
ビジョン者にも見やすい工夫がされているそうです。
今後、高齢者や障害者が共に働くことも想定し、誰
もが見やすい、使いやすいユニバーサルデザインを
考慮した職場環境、システムデザインの構築を期待
したいと思います。

　日常生活ではまだ白杖を必要とする場面は少なく、
夕方以降になると晴眼者と同じくらい（自分ではそ
う思っているのですが）スタスタと歩け、飲み屋の
メニューも読めています。今は、ロービジョン者が

できるだけ外に出て余暇を楽しめればいいなと思い、HOTPOT の会の幹事になった 4 年前から定期的に食事会やイベントを企画し、仲間と共にエンジョイしています。ライブハウスに保津川下り、お花見クルーズや利き酒巡り……。日々の生活の中で「楽しい」を見つけることは、次に進むための一歩につながると思います。

　こうして振り返ってみると、私の場合、物心ついた頃から障害が少しずつ進行したため生活が大きく変わることがなかったこと、晴眼者と等しく教育を受けられたこと、色弱の私を今の会社が雇ってくれたこと、なりたい職業に就き、晴眼者と対等に仕事をしてこられたこと、また私の訴えに耳を傾けてくれた産業医に巡り合えたことなどなど、本当に幸運の連続だったとしか言いようがありません。そして会社ではサポートしてもらっている私が今、多くのロービジョンの方と知り合い、彼らをサポートでき

ることに感謝し、これまで幸運を感じさせてくれた
人々に感謝して、これからも可能な限り、他の当事
者をサポートできる自分でありたいと思います。

佐々木　土貴子（ささき　ときこ）

大阪府生まれ
4 歳頃近視と診断され眼鏡をかける
大学卒業後、製薬メーカーに入社（研究所勤務）
入社 8 年後、研究所から本社に異動（薬事関連の事務職）
2008 年　同じ業務のまま本社から別事業所に異動
2013 年　視覚障害（錐体ジストロフィ）と診断
業務は変わらず本社に戻る
2014 年　障害者手帳 2 級取得
2015 年　勤務地は本社のままで社内部署異動（医薬品の情報
　　　　　提供関連の事務職）
現在に至る

果てなき願い

西尾　淳

　高校の教壇に立ち、できるだけわかりやすい数学の授業をすること、担任をしてクラスの生徒と一緒に楽しんだり、話し合ったりすることが好きだった。大変だったが、本当に楽しかった。

　35歳の秋、網膜色素変性症という目の難病であることを告げられた。治療法の確立されていない進行性の病気で、人によっては失明してしまうという思いがけない説明を聞き、信じたくない思いに襲われた。ただ当時はまだ症状が軽く、仕事にはほとんど支障がなかった。

　3校目に赴任した学校で担任した6年間は特に最高だった。こんなにいいクラスはもう担任できないのではないか。もしかしたら、もう二度と。心のど

こかでそう思い、涙が出るほど感動させてもらった。たくさんの瞬間が、人生の宝物となった。

　47歳になる年、4校目に大規模校へ転勤した頃から病気の進行が速まった。教材づくり、講習、採点、問題作成に追われる生活となった。文字が読みにくくなり、数式が思うように目で追えなくなり、教材研究にもどんどん時間がかかるようになっていった。あれほど好きだった文化祭、体育祭が大変になった。1200名の生徒が一斉に活動する中、顔を判別するどころか、与えられた仕事をするだけで精一杯だった。楽しむとは程遠い状態に陥った自分がいた。それでも授業をすることは楽しかった。生徒はわかりやすいと言ってくれたし、よく質問してくれた。何とかカバーしようと対策を探り試行錯誤と工夫を重ねたが、見えにくさは着実に進行していった。コミュニケーションが少なくなり、情報量が減り、表情は無意識のうちに険しくなる。なぜ自分だけが。あと

10年、定年まで家族を養っていかなくてはと思い、何とか仕事を続けたいと思った。将来もっと見えなくなっていくことへの不安もあった。いくつもの感情が渦巻く中、何とか、今のうちに手を打っていかねばと考えた。

　赴任6年目の年は担当クラスが3年生のみであった。私はセンター試験終了後、特定疾患による特別休暇の制度を利用して、日本ライトハウスの視覚障害リハビリテーションセンターで週2日の訓練を受けることにした。眼科で日本ライトハウスのことを教えてもらい、さらにそこでの出会いから中途視覚障害者の復職を考える会（通称タートルの会）を知り、そのホームページに記載されていた人事院通達を参考にして職場で相談した結果取得できた休暇だった。センターでは無理をお願いして私の希望を聞いていただき、アイマスクをして音声だけでパソコンを操作し、文字を正しく入力する練習、職業訓

練部で行っている Excel の課題をアイマスクをして
１時間で解答し、次の１時間で解説を受ける講座、
音声とキーボード操作だけで、数式混じりの文書を
編集するための方法の試行錯誤とその操作練習、白
杖を用いた歩行訓練のオリエンテーションなどを受
けることができた。

　８回目の訓練の帰り、盲学校への異動の内示が
あった。ショックだった。確かに校長に目の状態を
相談し、少人数で授業ができる定時制高校への異動
希望を出してはいたが、また全日制に戻りたいと
思っていた。盲学校への異動を希望していたわけで
はなかった。思いもよらぬ内示だったが、家族が困
ることがないように仕事を続けるしかない。私は意
を決し、一つしかない選択肢を受け入れた。

　盲学校はまったく未知の世界だった。とにかくこ
こでやるしかない。とりあえず３年間、やってみよ
うと自分に言い聞かせた。そしてこの学校で自分に

何ができるのかと考えた。視覚障害者だからこそできる価値のある仕事とは何なのかと自らに問い続ける中、数学教員として仕事を続ける姿を生徒たちに示し続けること、それが視覚障害を抱え生きていく生徒たちの将来の道しるべとなるのではという思いに至った。ここでは「よく見える」ことではなく、「見えない・見えにくいをいかに工夫と努力でカバーしていくか」ということにこそ価値があるはずだ。私が見えにくいことを理由に仕事を諦めたら、盲学校の生徒たちに明るい将来を示すことにはならない。高校教員の仕事が本当に好きだっただけに、100パーセント前向きな気持ちとは言えなかった。たとえわずかでもいい、自分がここにいる意味を見いだすことで、ショックからの一歩をどうにか支えようとしていた。

　盲学校2年目からは担任もするようになった。最初の3年間は、生徒数3名のクラスを二人で担任し

た。一緒に担任した先生は私の良き理解者で、さりげなくサポートをしてくれた。障害者である私と一人の人間として関わり、困っているときには助けてくれる一方で、私を頼りにもしてくれた。このように良き理解者となってくれる先生方から力をもらえたおかげで、何とか仕事が続けられたと感謝している。ようやく少し元気が出てきた。

　5年目からは、一人で生徒1名のクラスを担任するようになった。生徒は一人しかいないが、さまざまな困難を抱えた生徒と濃度の高い関わりがあった。

　また2年目から5年間は、進路指導を担当する部署にも所属した。単一視覚障害の生徒の進路指導には特に力を注いだ。今は「視覚障害があるからこの仕事しかできない」という時代ではない。そこにはさまざまな選択肢があるべきだ。生徒たちには、それぞれの指向性や適性に合った進路を選んでほしい。私は当事者として知り合った「働く視覚障害者」に

講師として来校してもらい、中学部と高等部普通科の生徒たちに経験を話してもらうようにした。できるだけいろいろな選択肢を示し、体験などを通して「何が必要か」「何がやりたいのか」「何を補ってもらえば能力を発揮できるのか」をつかんでいくようにすることが大切だと考えた。これも視覚障害者の自分だからできることだと思って取り組んだ。大学進学を希望する、能力の高い生徒を担任した際は、高校教員時代に培った進学指導の知識とノウハウを発揮する機会を得た。大学進学の情報がほとんど入ってこない盲学校の情報不足を補うため、前任校での同僚等と連絡を取り最新の情報を入手した。センター試験や2次試験などの受験上の配慮の依頼も、当事者として交渉にあたり、スムーズな受験ができるように努めた。見事に第1志望校に合格してくれた。「とりあえず3年間」と踏み出した私の一歩が、障害があっても自分の道へと進む生徒の一

歩につながったのなら、それが自らに問い続けてきた「ここにいる意味」だと言えるだろうか。自らが選んだ道にある喜びを誰よりも知っている自分だからこそできた仕事だと思えるだろうか。今、改めて心に問うてみる。たとえ誰かに浅はかなことだと思われても、私は教員として生きてきた誇りをもって、その道を支える存在であり続けたい。

　現在の私に可能な授業スタイルは、教科書やプリントをiPadで見て黒板で説明するというものだ。ありがたいことに黒地に白い文字が最も見やすいので、黒板は何とか読み書きができている。しかし1〜3名程度の少人数授業でも、生徒がノートやプリントに書いている文字などをリアルタイムで直接見ながら指導することは困難である。生徒が解いた問題は生徒自身に読んでもらい、私はそれを聞いて判断している。教室を見渡すと、視野の中心部は渦を巻いている。その渦の半径は徐々に大きさを増し、現在

は全体的に暗くぼやけている。文字は拡大しても読みにくい。パソコンは拡大と音声を併用しているが、音声に頼る比率がかなり大きくなってきた。画面を見ずキーボードだけで操作ができるようになることを目指している。職員室の自分の席には拡大読書器を置き、短い文章はまだ何とか読んでいるが、A4の紙の書類はとても無理だ。書類を探したり分類したりすることも苦手だ。近くに座っている先生方のサポートがありがたい。毎日たくさん配布される紙の書類は、卓上の小型ドキュメントスキャナでスキャンし、PDFにして種類ごとにフォルダに分けてパソコンに保管して読む。教材などの自作の書類はクラウド上に保管し、自宅で仕事の続きができるようにしている。教室ではクラウド上にある教材をiPadで表示させて見ている。私の目はますます見えにくくなっていくが、それにも増してICTの進歩は目まぐるしい。「こんな機能が実現できればいいのに」と

思っていたらそんな商品が出てくる。以前、車にかけていたお金は使わなくなったのだから、新しいソフトやデバイスは積極的に購入し何とか技術についていこうとしている。

　他県で県立高校の数学教員をされている当事者の方に出会ったのは、奇しくも私が高校を離れ、盲学校に異動となった年のことだった。タートルの会の交流会で出会ったその先生は「OAKの会」という、関西地区の視覚障害教員の会を始めたばかりとのことだったので、参加してみることにした。そこは目の状況や仕事の仕方、困っていることなどを出し合い、アドバイスし合える場だった。中途で視覚障害者となり、障害の進行と向き合いながら働き続ける弱視の教員として、悩みを共有できる有益で心温まる場があるのはとても心強いことだった。見えにくくなって困っている教員の情報を紹介されるとメンバーが集まり、その人を囲んで仕事を続けていくた

めの相談活動をするようになっていった。

　特に視覚障害をもつ数学教員には情報交換の場が必要だ。数学の教員を続けていくには、数学特有の困難さに対応していかなければならない。高校で教鞭を執っていた頃、少しずつ見えなくなっていく中で悩みを相談し、情報を得られる場がどこを探しても見当たらず困った経験をしてきた私はOAKの会の数学の仲間に相談し、「視覚障害高校数学教員研修会」を立ち上げた。第１回目は二人で始めた。全国の教員仲間や視覚障害で悩んでいる数学の先生を誘い、少しずつメンバーも増えていった。数式の読み上げ、授業の仕方、サポートにもさまざまなスタイルがある。どうすれば見えにくくなってもこの仕事を続けていけるかという共通のテーマについて、情報と知恵を持ち寄って研修する。５回目の研修会では数学教員を志す弱視の大学生も参加してくれた。

　私自身は見えにくくなった時、自身の希望とは関

わりなく盲学校に転勤となり、それまで28年間続けていた高校での教員生活に訣別（けつべつ）することになった。しかし管理職や教育委員会と話をすることで理解を得て、周囲から授業や採点のサポートを受けられれば仕事を続けられることを知った。制度上の壁や予算面の問題、周囲の無理解等、課題は決して少なくない。それでも多くの仲間が、合理的配慮という支えのおかげで自分の道を歩み続けることができている。もっと早くこうした会と出会っていれば、自分にも高校で数学教員を続けることができていたのではないだろうか。私の仕事人生は変わっていたかもしれない。見えにくくなったから盲学校という特殊な職場ではなく、見えにくくなっても一人の職業人として、普通の社会で普通に仕事をしたい。盲学校で仕事を続けられているのはありがたいことだが、これが正直な思いだ。

　盲学校4年目から、私は普通高校の全日制へ異動

希望を出し続けている。もう普通校では通用しないかもしれない。何度も諦めかけたが、諦められない自分がいる。高校に忘れ物をしてきてしまったように思えて仕方がない。大勢の生徒を前に教壇に立つ自分が、今も夢に出てくる。そこにはほかの人たちと同じように、自らの選んだ仕事をしている自分がいる。

　ノーマライゼーションという言葉がある。社会の縮図である普通高校で、さまざまな工夫をしながら、努力してもできないことはサポートを受けながら、周りに感謝し、自分だからこそできる仕事で力を発揮し、次の社会を担う世代に伝えるべきことを伝えられる、そんな社会の実現を願っている。

　いよいよ定年を迎える年度に突入してしまった。何はともあれ、障害と向き合いながら定年を迎える時がそこまで迫ってきた。もう少しだ。これから社会に出る若者たちに、明るい将来を描く勇気を見せ

続けたい。この思いは決して消えない。今、果てな
き願い、ノーマライゼーションへ目を向ける自分が
いる。

ノーマライゼーション
「障害のある人が障害のない人と同等に生活
　し、ともにいきいきと活動できる社会を目
　指す」という理念。（厚生労働省）

西尾　淳（にしお　あつし）

1960年生まれ
1984年　大学工学部を卒業後電機メーカーに就職、2か月で
　　　　辞める
1985年　県立高校数学科教諭となる
1996年　網膜色素変性症と診断される
2012年　1種2級の障害者手帳取得（視野障害）
2013年　盲学校へ転勤

白杖が伝える日本の「働き方改革」

岡田　太丞

　「目の見えない銀行員」この言葉を聞いて皆さんはどう思われるだろうか？　「目が見えなくて銀行員なんてできないでしょう」「目が見えないなら通勤を含め働くことはできないでしょう」「そもそも目が見えない人って何もできないでしょう」世間の多くの方はこのように感じられることだろう。18年前までの私はそう考えていたし、今もそう考える方々を非難する資格はない。しかし今現在、私自身がその「目の見えない銀行員」として働いている。もともと健常者・晴眼者だった私が失明し、目の見えない銀行員として働くようになった経緯を簡単にお伝えする。

　2003年、海外赴任中に仕事上遭遇した交通事故

が原因で、私は失明した。それまでは第一線の営業マンとしてバリバリ仕事をしていた、いわゆる典型的な会社人間の一人だった。予期せぬ事故による突然の失明、右目のごく一点で物陰を感じる程度の視覚障害１級となった。真っ先に頭に浮かんだのは「これから仕事はどうなるんだ？　会社を辞めなくてはいけないのか、妻や小学校３年生の子供をどうやって養っていくのか？」ということだった。視覚障害に関する情報もなく、これから進むべき方向が全くわからない。私は真っ暗な海に一人投げ出されたような状態だった。そこには一筋の光もなく、不安という大きな海の中にただ沈んでいく自分がいた。目が見えなくなって何もできない、その言葉通りの自分だった。落ち込んで目が治るのなら来る日も来る日も落ち込むが、残念ながら、いくら落ち込んでも医学的に治る見込みなどない。私が落ち込めば家族はもっと落ち込む、そう考えて家族の前では努め

て笑顔でいた。正直、つらい日々だった。知り合い
からのお見舞いの電話、励ましの中にも、見えなく
なったから何もできなくなったというニュアンスを
感じた。そう感じたのは私の心が折れかかっていた
からかもしれない。これではいけない、前を向かな
ければならない。負けてたまるか！絶対に復活して
やる、馬鹿にした連中を見返してやる！そうした反
骨精神だけが体中を巡っていた。

　そんなささくれだった思いの中から私を救ってく
れたのは、歩行訓練士さんとの出会いだった。先生
は熱心に訓練してくださった。先生が教えてくだ
さった音声ソフトの入ったパソコン（以下、音声パ
ソコン）は、真っ暗な海に投げ出された私に進むべ
き道を示してくれた。それは、僅かに光る一筋の灯
台の光だった。その光に向かって、私は真っ暗な海
を必死に泳ぎ続けた。来る日も来る日も、白杖を
使っての自宅から会社までの歩行訓練。また、ブラ

インドタッチの習得のため、パソコンのキーボードの配列をすべて暗記し、毎日寝る間も惜しんでキーボードを叩き続けた。当時、職業訓練の存在を知らなかった私は、妻からの助言をもとに、メールにWord、Excel が使いこなせるよう独学でもがき苦しんだ。本当に必死だった。会社に対して、音声パソコンを利用すればこんなことができるとプレゼンするために練習、練習、練習の日々。そこには復職への執念しかなかった。

　そして会社の担当者へのプレゼン当日。真っ暗な海でもがき苦しんだすべてをぶつけた。その思いが届いたのか、会社の担当者は、白杖だけで会社まで来られるようになったのか、そして音声パソコンでここまでできるようになったのかと驚いた。このプレゼンが転機となり復職への道が拓けた。光を放っていた灯台へ泳ぎ着いた瞬間だった。

　しかし、灯台に泳ぎ着くことはゴールではなく、

スタートに過ぎなかった。復職した私に仕事は一切なかった。「安全に出勤して、数時間ここに座っていて、また安全に帰宅してください」まるでそんな対応だった。会社も視覚障害者の事務職を迎えるのは初めてのことで、何をどうすればよいのかわからなかったのだろう。失明前に海外勤務をしていたこともあり、新設された海外業務関連の部署への復職だったが、何もしないで過ごす時間は苦痛以外の何物でもなかった。仕事をしなくても給料をもらえる、考え方を変えれば、これほど楽なことはない。しかし、ちっぽけではあるが私にもプライドがあった。視覚障害者であっても納税者でいたい。それもちゃんと仕事をした上での納税者でいたい！　これが私の心の叫びだった。

　「仕事がないなら自分で創る！」と考え、まずは休職により錆びついていた自分の海外情報をブラッシュアップすることにした。連日、近隣で開催され

る海外に関するセミナーに参加し、まさしく耳学問で情報のキャッチアップに努めた。ただ、これだけでは仕事にはならない。来る日も来る日も自分に何ができるのかを考えた。今まで銀行で何をしてきたか、自分が経験してきた仕事で何ができるか。日々、机の上の音声パソコンを触りながら考え考え、ここでももがき苦しんだ。セミナーでの耳学問。自分は音声で情報を取得できる、その情報を利用して何かできないか。そう考えた瞬間、海外勤務時に担当していた大手家電メーカーの部長からの一言が頭をよぎった。「岡田さん、〇〇に関する情報持っている？」当時、私はその部長からのリクエストにすぐに応えられなかった。営業マンは忙しい。時間をかければ情報を入手できるが、当時の私にはその時間がなかった。営業マンが必要だと感じる情報を提供してやれば、彼らは助かるはずだ。見えていた過去の経験と見えない自分の耳学問を活かしたい。この

思いがヒントになり、新しい仕事へとつながっていった。

　そこで、銀行が契約している複数の通信社からの情報を音声で聞いて、役立つ情報と思えるものをピックアップし、営業の担当者にメールで連絡した。例えば、「担当の〇〇自動車、タイで新しいラインを増設するニュースが現地の記事で出ていたが知っているか？」という具合だ。現地発のニュースだけに、営業マンの多くは「初めて聞いた、助かった」と返事をくれた。加えて後日、「あの情報のおかげで先方の部長と会話が弾んだよ、ありがとう」と反応があった。このやりとりが、私が情報をキャッチし活用した仕事を確立していく第一歩となった。

　私は大阪勤務なので、当初は西日本の顧客情報を中心に情報提供していた。やがて東京の本店から「ぜひ東京を含めた東日本の顧客もカバーしてほしい」と正式にリクエストが入り、アシスタントとして職

員を 1 名配置された。

　情報というのは、料理に例えると素材であり、その素材をどう料理するかは料理人次第だ。ここではその料理人が私だ。和食、フレンチ、イタリアン、中華など、顧客のリクエストに応じて素材をさまざまに料理するのだ。顧客、つまり情報の受け手は、私の場合銀行のお客様ではなく、営業の担当者を含めた、関係する行員全員が対象だ。その私の顧客である行員が日々どんな情報を必要としているのか、いわゆるマーケットリサーチを実施した。すると担当している企業の情報とともに、非日系企業のグローバルな動き、各業界ごとの動向、また各国の政治情勢、経済状況等、さまざまなニーズが出てきた。当初は私が勤務していたアジアの情報が中心だったが、顧客のニーズの変化に合わせて対象はアジアから全世界へと拡大した。さらに各企業の記事とともに、世界各国の動きについては週 1 回メールにてレポー

トを配信し、特にニーズの高い国については毎月の動きを月報で配信するようになった。12年前に開始した当初は十数名にすぎなかった読者は、口コミもあって年々増加し、海外拠点に駐在している行員も含め、約3600名を数えるまでになった。またスタッフも増員され、現在は私を含め6名のチームで、日々世界各国の情報収集、配信の業務を担っている。会社が、私の創った情報提供の仕事の重要性を認識してくれたのだ。ここまでが、私が失明してから現在の仕事に至るまでの話である。

　ここ数年、仕事についての講演を依頼されることがある。その際、昔の仕事と今の仕事を野球に例えて説明している。営業マンだった頃の仕事はクリーンアップで打点を挙げること、そして今の仕事はバントでランナーを進めることだ、と。復職当初はホームランを打つクリーンアップに未練がなかったと言えば嘘になる。しかし今、自分がキャッチしセレク

トした「情報というバント」で営業マンを次の塁に進める中で、感謝の言葉をもらうことがある。「岡田さんのおかげで新しいビジネスが始まりました」という言葉を励みにするとともに、今はこのバントの仕事に誇りを持っている。

　私は日々、多くの方から心温まる支援を受けている。職場は私以外はすべて健常者という世界だが、執務上どうしても困難な事についてはさりげなくサポートしてくれる。そのさりげないサポートに、人としての優しさを感じる。人間は一人では生きていけないことも、常に教えてもらっている。転勤がある職場なので、数年ごとに上司、同僚、後輩達が代わる。そんな中、多くの上司、同僚達が口をそろえたように発する言葉がある。「今まで視覚障害者とは縁がなく、目が見えなくても仕事ができるということも、音声パソコンの存在も知らなかった。当然、日常生活においてどのようなことに困っているのか

も知らなかった。岡田と仕事をするうちに、街中で白杖を持つ人を見かけたら『何かお手伝いできることはないですか』と声をかけるようになった」さらに続けて「視覚障害者のことをまったく知らないまま定年を迎えることを考えたら、こうして岡田と一緒に仕事できたこと、これは自分にとっても大きな財産だと思う」と。後輩達も「岡田さんとご一緒できて、これから仕事を続けていく上で社会人としても人としても大きな学びを得ました」と。手前味噌<ruby>手前味噌<rt>てまえみそ</rt></ruby>ながら、日々必死に仕事をしている私の姿を見て、障害者に対してだけでなく働き方に関する考え方も変わったと言う。見えない人間には自分達と同じような仕事は無理だろうと思っていたが、見えなくてもこれだけの仕事ができるということに最初は驚き、それが感動となり、最後にはこのことを世の中に伝えないといけないという気持ちになったと皆が言う。そして私のことをご家族、友人達に話してくれてい

るようだ。

　しかし現実を見れば、視覚障害者にとって就労は最も高いハードルのままだ。企業の障害者雇用数は増加しているものの、そこに視覚障害者が抜け落ちているのも事実だ。視覚障害者就労の扉をノックする思いを込めて、ここにいくつかのメッセージを記したい。

　企業の採用担当者の皆様には、本書並びに視覚障害者就労相談人材バンク（以下、就労相談人材バンク）のホームページ等をご覧いただき、目が見えなくなっても、見えにくくなってもさまざまな業種、職種で就労している視覚障害者の存在を知っていただきたいです。仮に御社にご勤務の方が視覚障害者となられても、きっとその方にできる仕事があるので、何ができるかを一緒に考えていただきたいです。

　人生の途中、それも働き盛りに視覚障害者となっ

た皆さん、落ち込み、不安でしょうが、諦めないでください。きっとあなたの経験を活かした仕事があるはずです。もう一度、いや何度でも、自分に何ができるかを考えてみてください。就労相談人材バンクの就労事例には多くのヒントがあるはずです。

　就職活動を控えている視覚障害学生の皆さん、いろいろ夢もあるでしょう。決して楽観的なことを言うつもりはありませんが、就労相談人材バンクには、就職活動を経験した多くのメンバーがいます。そこには先例もあるはずです。人一倍の努力も必要かと思いますが、どうか夢を諦めないでください。私は働きたいと願っている視覚障害者の仲間が皆納税者になれる、そんな世の中にしたいのです。

　私は縁あって視覚障害者の就労相談をするお役目をいただき、就労相談人材バンクのメンバーと知り合うことができた。一人でできることは限られてい

るが、この仲間となら、一緒にスクラムを組んで前進することができる。そして、将来の視覚障害者の就労環境を良くするというトライを挙げることができると信じている。就労相談人材バンクのメンバーはそう思わせてくれる誇るべき仲間達だ。冒頭のように「視覚障害者に仕事ができるのか？」また「通勤は大丈夫なのか？」これらは企業側が持つ当然の不安や疑問だろう。企業の立場に立てばそう考えるのも分からなくはない。音声パソコンを利用すれば仕事はできるし、歩行訓練を受ければ通勤も可能だ。こういったことを企業のみならず社会全体に知らせていきたい。法律も整いつつあるが、我々当事者が能動的に動かなければ物事を動かすことはできない。10年、20年先の視覚障害者の就労を取り巻く環境を少しでも良くするためには、今現役の私達が汗をかかないといけないだろう。とはいえ、誰しも自分の生活基盤の確立がいちばんだ。だから、自分の生

活基盤を確立できている現役の視覚障害者の中で、同じ志を持った人間が「今できること」をやればよいと思う。その一つがこの就労相談人材バンクの活動だ。

　昨今、ダイバーシティという言葉が使われるようになり、企業の意識も少しずつ変わってきている。だが、残念ながら現在の日本の企業のダイバーシティは「女性の活躍」ということがメインになっている。女性が活躍する社会は当たり前で、ダイバーシティのメインは障害者の活躍にならなくてはいけないだろう。高齢化社会の到来、ユニバーサルデザインの世の中では、障害者ならではの発想を活かせる仕事が存在するはずだ。企業がその発想を求め、各障害者をこぞって採用する世の中になること、これも働き方改革の一つの形ではないだろうか。バリアフリーという言葉があるが、逆に障害が価値となるバリアバリューという概念を日本の政府や経団連

をはじめとした団体、そして各企業にも持ってほしい。その考えが当たり前になれば、視覚障害者の就労においては、この就労相談人材バンクメンバーの就労事例が財産となる「人財バンク」になるだろう。

　私は幸運にも復職の道を得ることができた。そこには、音声パソコンや多くの仲間との出会い、そしていろいろな方々からのご支援があった。それら全てが灯台の光として、真っ暗な海の中で思い悩んでいた私を今の私へと導いてくれた。その恩返しではないが、今度は私が就労相談人材バンクの仲間と共に光を放つ灯台となり、未来の視覚障害者の就労を取り巻く環境を少しでも良くしていければと思う。こんな言葉がある。

「偉大なことをできるように健康を求めたのに、
　より良きことをするようにと病気をたまわった」
この言葉を胸に刻み、これからも働きたいと願う視覚障害者が就労という道を進むにあたって、歩く障

害になる小石を拾っていくこと、また道をふさぐ大きな岩があればその岩をぶっつぶすこと。それが私の使命だと思い、今後もこの就労相談人材バンクの活動を続けていきたい。

岡田　太丞 （おかだ　たいすけ）

1965 年　京都市生まれ
1989 年　銀行入行
　　　　　国内個人、法人営業を経て海外支店の開設、海外の現地法人営業等に従事
2003 年　交通事故により視覚障害 1 級となり、その後海外関連の情報配信業務に従事、現在に至る

日本盲人会連合メイクアップ推進協議会事務局代表幹事を務め、現在、日本視覚障害者団体連合就労相談員（西日本担当）、視覚障害者就労相談人材バンク共同代表

職人「支える人」につながれば
～故　岡田　弥さんの軌跡を力に～

石川　佳子

　私は京都ライトハウス鳥居寮の生活支援員として、週5日のパート勤務をしています。鳥居寮は、主に中途で視覚障害になられた方々に通所、入所、訪問などで視覚リハビリテーションを提供する障害者支援施設です。

　私は機器や制度などのサポートを知らなかったがために何をするにも壁だらけで、挫折とあきらめの人生を歩いていました。困難を軽減できる情報を知り、スキルを獲得することで生き方は大きく変わりました。かつては一当事者として訓練を受けた私がボランティア、就労支援を経て実習から雇用されるに至ったのは、関わってくださった多くの「支える人」のおかげです。入職時に「当事者が直面する多

様な困難を実生活で体験しているからこそできる支援を考え、新しい風を吹き込んでほしい」という課題をいただきました。以来、風の向きがどうであれ、新鮮な気持ちで風を楽しみながら挑戦を重ねています。仕事、子育て、介護、当事者活動とのライフバランスをどうにかとりながら、視力は0.1から0.01に、視野は中心からその少し外側のわずかな部分のみに、見え方はうつろいながら、支える人との出会いに導かれた今を楽しんでいます。

　私の担当業務は点字、パソコン訓練、文章講座、アビリンピック対策講座、外部講師を招いての講座運営、利用者さんの支援計画作成、同法人内の他部署との連携による点字普及イベントの運営などです。業務の中で大きなウエイトを占めるのが訓練指導なので利用者さんからは先生と呼ばれていますが、私は指導員ではなく寄り添い歩く支援者でなければならないと考えています。利用者さんのお隣を歩き、

その方が見ている景色や痛みに共感しながら、その方の自己実現は何か、何ができるようにならないと必要なものがつかめないのかを一緒に考えていきます。点字のスキル獲得を例に挙げると、外出時にエレベーターのボタンが押せること、点字で目印活用ができること、カラオケで思い切り歌えるよう歌詞が読めること、人前でスマートにプレゼンできること、深い理解と考察のために必要な読書速度を得ること、電話対応や会議などに必要な聞き書きができること、紙だけでなく点字ディスプレイでの読み書きができることなど、実に多様なニーズがあります。できたらハッピーなこと、できないと困るポイントは人それぞれ、タイムリーなテキストが提供できるよう準備していきます。既存の点字データからピックアップしたり、墨字データを点字データにしたり、Lサイズの点字を手打ちで作成したりします。他の訓練科目も同じで、利用者さんのライフスタイルに

合わせて取り組む素材を調整していきます。

　QOL アップには心とスキルの両輪が必要ではないかとの思いから、入職 2 年目に文章講座を立ち上げました。言葉による質問力・説明力を向上させることでコミュニケーション力アップを目指す、文章作成を通して心と対話することで自己受容の一助となる機会を獲得する、この二つを柱に支援しています。川柳や大喜利、物語、体験談など、講座から生まれた作品は点字やパソコンの訓練素材になることもあります。苦労して作成された文章を「見える化」することで、感想コメントを共有したり、パソコンで創作されたものを点字で味わってみるなど、「つなげひろがる学び体験」に挑戦しています。

　鳥居寮は職業訓練校ではありませんが、就活対策や働きながらの就労スキル獲得を目的に利用される方も増えています。就活準備のためのスキル獲得として、履歴書や職務経歴書の作成、面接対策、電話

応対でのメモ実践、正確で速いタイピングスキル獲得のための訓練など、働くために必要な最低限のスキルが何かを考慮して訓練課題を提供しています。アビリンピック対策講座は週1ペースの連続講座で、アビリンピック（障害者技能競技大会）に挑戦する参加者の顔ぶれに合わせた年度ごとのカリキュラムを編成しています。また、公的機関との連携でのビジネスセミナーを実施し、セミナーから見えた課題を訓練内容に反映させています。ビジネスマナー、面接実技、字数と時間を意識した公務員試験の作文対策など実践的内容だけでなく、アサーションやストレスケア、アンガーマネジメントなどコミュニケーションスキルにつながる講座から就労準備に必要な自己分析の機会の提供にも取り組んでいます。

　担当の利用者さんとのモニタリングや支援計画の作成も重要な業務です。訓練内容の相談だけでなく、抱えておられる苦悩を拝聴することもしばしばです。

ピア（同じ立場の者）ならではのお見立てや○○タイプという思い込みが入ってはならない、ピアならではのわかったつもり、知ってるつもりはもっとも危険なことだと、いつも心に留め置いています。

　リハビリテーションは相談に始まり相談に終わる、「訓練後の連携＝人と情報につながること」が大切だと私は考えています。そのためには自分自身の社会資源の引き出しを充実させる必要があります。勤務時間外にはアンテナを立てる時間を持つようにしています。当事者の声をレポートで全国に届けるメルマガ色鉛筆の編集企画を担当し、仕事サロンを運営し、きららの会など当事者会のスタッフのお役目をいただいています。支援者としての私ではない、仲間の一人としての私が見えない、見えにくい人生模様にふれることで気づくことがあります。訓練につながるまでの思い、訓練を経ての状況の変化、どうにもならず困ること、しんどいことが何なのか。気

づき、そして考える機会になっています。また、視覚障害関連の学会、交流会、勉強会に参加することで他地域、他業種の方との交流もしてきました。広域な視野で支える思いに接し、視覚リハを多面的に考えるヒントにふれることでモチベーションがアップします。また当事者どうしや「支える人」との顔の見える関係を土台に、信頼ある横断的連携が可能になります。

　仕事をする上で大切にしているのは作業の効率化です。自分が成すべきことと見えないために非効率な作業を明確化し、他の職員の仕事とのすみわけを図ります。行政とのやりとりに使用する書式の改訂があれば、レイアウトを崩さず書類作成できているかの確認が必要です。郵送物の宛名書きなどには見える目が必要です。自分の責任で完結すべきところはやり、声かけのタイミングが大丈夫か確認し、部分的サポートを潔くお願いすることを徹底していま

す。視認に頼らない音声操作から画面視認による見せる資料作りへのステップアップには、晴眼職員へのバトンパスが肝要です。気持ちの良い支援の連携ができるよう同僚との風通しの良い関係づくりを大切にしています。お願いする、バトンを委ねるだけではなく、見えないからこそできる支援を自分ならではの工夫やアイデアで実践することでチーム支援の輪郭が見え、やりがいも分かち合えるのではと感じます。特に若い職員さんとはフランクな意見交換ができるよう、普段から軽快なトークで情報交換をしています。職場における健全なコミュニケーションを維持するため、「事務所で一日一笑い」が私のモットーです。

　基本的に強気、前へ前へ、ゼロから作るタイプの私ですが、実は自身の中でいくつもの葛藤をしてきました。主体的リハの実現を支援の課題と考える私に対して、ないものは作ればいい、見えない壁を感

じても自分を信じてやったらいい、そう肩をたたい
てくれた視覚リハの諸先輩との出会いは大きかった
です。各方面で私を支えてくれた支援者の先輩のお
一人が、日本ライトハウス情報文化センターの岡田
弥さん（あとがき参照）でした。大先輩だけどあま
ねさんと呼ばせていただき、頼ったり甘えたりして
いました。本書の執筆者の中にも、あまねさんと深
いご縁を持つ方が多くおられます。あまねさんは
2020年7月、事故で急逝されました。ここにあま
ねさんの軌跡の一部をご紹介し、職人「支える人」
と出会うことが、いかに見えない、見えにくい人の
「働く」を支えるのかをお伝えします。

　まずは愉快なお仲間さんからのエピソードです。
★見えにくくなり、日常生活や仕事ができないと思
うようになって初めてお会いしたのがあまねさん。
私の仕事環境をじっと聴いて的確な支援機器の提案

をしてくれました。職場の同僚や家族、友人にも話せない気持ちを聴いてもらいたくて、ちょくちょくあまねさんのところに通っていました。ある日、中途視覚障害者の復職を考える会（タートルの会）を教えてもらい参加したところ、そこできんきビジョンサポート（KVS）のことを教えてもらいました。そちらにも参加してみたら、ぐるりとUターンでまたあまねさんに会いました。「はじめは不安だらけの表情をしておられましたが、どんどん元気になっていくAさんがいます」とイベントに参加されている当事者や関係者の前で、あまねさんは嬉しそうに語ってくれました。そんなふうにあまねさんから笑顔をもらって僕はさらに元気になりました。ほどなく、KVSのスタッフとして活動してみませんか？とお誘いを受けました。就労を考える会「HOTPOTの会」を立ち上げる時もかなり協力してくれました。発足以来、2020年7月までの13年間、交流会の

運営や講師選定など何かと相談に乗ってくれました。職場のパソコンが不調になった時も、お昼休み返上でPCの整備をしてくれました。自転車の車輪に白杖が挟まった時は、白杖を一生懸命まっすぐにしようとしてくれました。中途で目が悪くなった方からの相談にも長時間同席してくれました。「西宮から姫路までの70キロマラソンに挑戦するんだけど、道路標識が見えにくくて」と不安を漏らしたら、単眼鏡を提案してくれました。琵琶湖一周マラソンをした時はバイクで先回りし、テントを張ってバーベキューの準備をして待っていてくれました。晴眼の友達とのボウリング大会に一緒に参加してくれたおかげで、視覚障害理解のきっかけづくりができました。あまねさんはプロの支援者であり、共に活動する仲間であり、友人でした。あまねさんが僕にくれた言葉と行動は僕の血となり肉となっています。

　あまねさんは視覚障害者就労の支援についてのビ

ジョンも持っておられました。次は一緒にやろうと思いを語り合った同志からのエピソードです。

★岡田さんとは就労スキル獲得への思いの実現に向けて動き出していました。2019年、就労に必要なITスキル獲得のための支援に力を入れている東京のSPAN（視覚障害者パソコンアシストネットワーク）とZoomをつなぎ、初めての試みとして遠隔講座を行いました。岡田さんの思いは私と同じで、全国どこでもスキルアップができるようにしたいということでした。その切り札が遠隔講座で、継続してやっていきたいという強い意志を持っておられました。その思いを引継ぎ、今後も遠隔講座をはじめいろんなことに挑戦していきます。

　あまねさんの活動の幅は広域でした。続いて職場のお仲間さんからのエピソードです。

★2011年に東日本大震災に見舞われた時、いち早く現地に入られ、被災された視覚障害の方の支援に

あたられました。他の支援者と情報を共有し、当事者が何に困っているのか、何が不足しているのかを聴いてまわり、物資や支援の供給に奔走されていました。想像を絶する心労と疲労だったかと思いますが、戻られてお話をうかがった際はそのことをまったく感じさせないご様子でした。むしろ現地の当事者に対して少しでも手を差し伸べられたことへ安堵感を抱きつつ、その後の生活支援についての心配をされていました。2016 年の熊本地震の際も、他の支援者と手分けして迅速に現地支援をされていました。岡田さんはいつもフットワーク軽く必要な支援の現場におられました。また、点字毎日の「岡田弥のITコラム」でのネタ集めについて質問したところ、「実は視覚障害の人からネタをもらってんねん」と笑顔で言われました。岡田さんは常に当事者の話に耳を傾け、当事者ならではの話題を日常会話の中から見つけ出しておられたのでしょう。コラムの記事

からは、そのつど岡田さん自身が話題の製品などを手に取って試し確認しておられたことが伝わってきました。当事者の目線「そこが知りたい」に迫る実機体験レポでした。そして、もともと子供が大好きだったことから視覚障害のお子さんの交流会にも参加され、学齢期のお子さんの教育相談にも対応されていました。ある時、小学校に入学されたばかりのお子さんが白杖購入のために来館されました。当時は子供用の杖はなかったので通常の白杖を短く加工し、にっこり微笑みながらお子さんに渡されていました。岡田さんは、子供から高齢者まで男女問わず、常に頭の中に当事者の方々の顔を思い浮かべていたのだろうと思います。それほどに、ユーザー、当事者にとってジャストフィットな答え、対応をされていました。その導き出しはいつもソフトでふんわりしていました。冷静で気取りのない人柄で、岡田さんに接する人は無意識にその包容力に引き込まれ、

安心感を覚えていたのだと思います。

　続いて、学生時代からのお付き合いのエピソードです。

★僕がまだ学生だった1996年、岡田さんが関西SL（関西の大学に通う視覚障害学生と点訳サークルで作る会）にOBとして参加されて以来のお付き合いです。住まいが同じ奈良ということもあり、一緒に帰ることもありました。一般就労している視覚障害者はどんな環境で仕事をしているのか、仕事の成果は出せているのかと質問したところ、いくつかの事例と就労関連の情報をくれました。そして突然HOTPOTの会のメーリングリスト、KVS通信が届くようになりました。正式に相談したというのではなく、プライベートな会話でのことでした。そういった就労関連の会は、今では僕の活動の中心となっています。交流会だけで飲み会はパスするつもりでも、毎回「Mは飲み会も参加」と横から勝手に出て

きました。飲み会をパスして二人で食事して帰ることもありました。他の方が飲み会はパスという場合は「またの機会に」となりますが、「Mは帰らせない」というスタンスでした。また2016年秋、事務所移転により、私の勤務地が梅田に変わった時のことです。梅田駅から会社まで、福祉制度を利用しての歩行訓練では基本の地上ルートを身につけました。本当は雨の日対策として、地下ルートの歩行の安全も確保しておきたかったのですが、福祉制度では訓練の回数に制限がありできませんでした。それを岡田さんに相談したところ、「何とかするからまずは基本ルートを身につけて」と言われました。具体的なことはないままでしたが、基本ルートが身についた時点で相談するとすぐに話が進み、訓練の日が決まりました。訓練は歩行訓練士の養成課程を終えたばかりの情報文化センターの職員さんがしてくれました。岡田さんは歩行訓練の現場に出るのはずいぶ

ん久しぶりだったようですが、私の歩行の様子とその職員さんの指導の様子、両方のチェックをされていました。私の歩行の様子を見て「杖を左右にしっかり振るように。体がゆがんでいる、まっすぐ前を見るように」と何度もアドバイスをくれました。3回の訓練を受けて、無事に地下ルートも身につきました。訓練の後は3回とも反省会がありました。反省会とは名ばかりで、99パーセント飲み会でした。歩行訓練中、行きたいお店のチェックもしていたようで、どのお店に行くかは毎回既に決まっていました。雨の日は岡田さんに訓練してもらったルートでの通勤です。岡田さんがくれた「なんとかする」という心強い言葉、僕をいつも呼び捨てにしていたこと、お酒が弱いくせにやたら飲み会に参加していたこと、一緒にいた時間のすべてが宝物です。岡田さんがくれたものを力に、これからも歩いていきます。

　仕事上のやりとり、当事者と支援者としてのやり

とりを長く続けてこられた方からのエピソードです。
★第１回の点字技能師試験を受験したところ、二人とも落ちました。岡田さんは「点字の規則にはそんなに興味がないから」と再受験を頑なに（半ばすねたように）拒んでいました。点字毎日の「ITコラム」の連載執筆をお願いした時、「けっこう忙しいけれど、こんな機会はなかなかないから」と引き受けてくれました。担当している連載者の中で、締め切りのプレッシャーをかけられたのは岡田さん一人でした。情文（日本ライトハウス情報文化センター）のサービスフロアに行くと、どこからともなくふらっと現れて、雑談しながら最新の情報や示唆的な考えを聞かせてくれました。新製品が出た後に「購入者は何人？」と聞くと、「今買えば第１号になるよ」と逆にセールスされることもありました。学生時代から25年のおつきあい、ITと情報文化センターのイメージが濃い岡田さんですが、歩行訓練士とし

て訓練の現場に戻りたいという強い希望を持たれて
いました。当事者会に参加されていた時は、特にサ
ポートをするというのでなく、でも、必ずお店は最
後に出て、忘れ物や、移動で困っている人がいない
かを見守っておられました。その方の力を信じ、静
かに見守り、必要なサポートにはさっと動く方でし
た。白杖の中のゴムがあまくなり、修理してもらお
うと今年の６月６日に情文に行きました。ゴムを替
えるだけでは難しい状態だとわかり、「いっそ、グ
リップ部を替えよう。他の利用者が使えなくなって
置いていった杖があるから、それと組み合わせれば
いい感じになるかも」と提案され、再生してもらい
ました。以来その杖を毎日使っています。中のゴム
が緩んで使えなくならないよう、家でも職場でも折
りたたまずに置いています。岡田さんがさりげなく
守ってくれていると信じ、無茶をしないように心し
て歩いています。

エピソードのラストは、「もう一人の岡田」さんからです。

★失明して１年ほど過ぎた頃、あまねさんは不安でいっぱいだった私と家内を迎えてくれました。数年後、私は復職しました。あまねさんは心から喜んでくださいました。その後情報文化センターだけでなくさまざまなセミナー等で話す機会があり、いつしかお互いファーストネームで呼び合うようになりました。「今まではこの世界で岡田と名乗れば皆さん私のことだと認識してくれたのですが、最近は『岡田さんって、ライトハウスの岡田さんですか？それとも銀行にお勤めの岡田さんですか？』と聞かれるのです。Ｔさんが視覚障害者就労の世界で有名になられたので最近は『Ａ岡田です』と名乗っています。これからは私がＡ岡田、ＴさんはＴ岡田でいきましょう」と提案していただきました。「それは申し訳ないことです」と返すと、これまた笑いながら「い

やいや、Ｔさんが有名になってくれるのはとっても嬉しいことなんです。視覚障害者でも現役でバリバリ働いておられることを広報してもらっている訳ですから」と。続けて「私もいろいろな相談を受けます、医療から福祉につながって多くの視覚障害者がここに来てくれますが、就労の相談を受ける時がいちばんつらかったのです。一昔前までは、一般企業で事務職に就いておられる方はほとんどいない状態でしたし、アドバイスするにも事例も少なかったのです。再び来館される時には仕事を辞めておられることも少なくありませんでした。でも今ではＴさんをはじめ、一般企業で勤務されているたくさんの方の話ができるようになりました。やはり実例ほど強いものはないと実感しています。本当はご本人達のお話を聞いていただけたら良いのですが」と。あまねさんとは会う度に視覚障害者就労の課題や今後の展望について話していました。時にはあまねさん

が司会をされるシンポジウムのパネリストを私がお引き受けしたり、逆に私が司会する就労フォーラムのパネリストをあまねさんにご依頼する等、持ちつ持たれつといった関係でもありました。視覚障害者就労相談人材バンクを作るきっかけは、実はあまねさんとの会話の中に潜在していたのかもしれません。あまねさんが目指しておられた多くのことを実現するのは私には無理ですが、当事者の一人として、少しでもあまねさんが目指しておられたことに近づけるよう精進したいと思います。

　あまねさんが残していったもの──それは、いろんな分野の交わりの中に彼がいたという事実です。私たちの人生の一コマの中に、時には直接、時には間接的に。そしていつも人と人、人と情報をつなぐことを大切にされていました。だから私たちは次につながる何かを手にすることができたのです。あま

ねさんはいつも一歩先を描きながら、視覚障害福祉
の向上を考える場におられました。本業のお仕事も
多忙な中、学会や研修会、勉強会、当事者活動のあ
れこれの中で関わり続けることは容易ではなかった
はずです。それでもあまねさんはいつも私たちの輪
の中におられました。「にっぽんライトハウスの岡
田です」必ずそう名乗られていました。短い会話の
中にも示唆に富んだコメントがあり、それが多くの
仲間の今を支えてくれています。支援はハード面だ
けでなく人間臭さの中にもあります。支える人の思
いにふれることは、支えられる人の心に力を与える
と私は考えています。最後まで歩行訓練士としての
自分でありたいという思いを持ち続けておられたこ
と、それは一緒に歩いて、歩けるようになっていく
人を見るのが好き、行動観察が好きだった人間臭い
あまねさんそのものだったのではないか。そんな人
間像を描かせてくれるあまねさんが、私は大好きで

した。

　県外の催しでご一緒した帰り道でのことです。歩行訓練士になりたての若手さんが私に手すりの位置を教えてくれていました。あまねさんは階段を5段ほど先に下り、振り返って私を見ておられました。「そんなに私、危なっかしいですか、心配ですか」私は階段を下りながら、あまねさんの顔をまっすぐに見て質問しました。あまねさんは言葉を返す代わりに、私の目を見ながらほんのりと笑顔を投げておられました。そして後ろ向きのまま階段を下りきると、スタスタと先に行ってしまわれました。ホームで再び声をかけてくれたあまねさんは、新幹線の中は一人で過ごすことにしているんだと言いつつ自由席に私を座らせ、ここは前から何番目、トイレは前方と言いおき「じゃあ」と別の車両へ去っていかれました。このささやかなシーンに、私は職人「支える人」を見ました。人の力を信じ、見守り、その場

にちゃんといる、ずっといる。そんな支え方がある
のだと。物静かなあまねさんとは真逆で声も体もデ
カい情熱キャラの私ですが、支援者としてはまだま
だひよっこです。これからもこのキャラを背負いな
がら、職人「支える人」を目指していきます。

　働く多くの方が、見えない、見えにくいゆえの孤
立、焦燥感、不安、絶望の先の今を生きています。
どうにかこうにかの七転八倒を、時に笑い、泣き、
そうやって生きています。私も支える人に導かれた
今を生きる一人です。職人「支える人」とつながれ
ば、行ける、歩ける、いつかどうにかなるんだって
ことを、本書の執筆者とあまねさんが伝えてくれま
した。どうか本書の中に登場する情報にアクセスし
てみてください。人や施設を訪ねてみてください。
そこからさらにヒントや力の素がつかめるかもしれ
ません。職人「支える人」につながることからはじ
まる一歩へ、あまねく届く光とともに、皆様が歩い

ていけますように。

石川　佳子（いしかわ　よしこ）

1970 年　京都市生まれ
2001 年　網膜色素変性症で障害者手帳取得
2012 年 4 月より　京都ライトハウス FS トモニーにて就労移
　　　　　　　　　　行支援を受ける
2014 年 4 月より　京都ライトハウス鳥居寮に勤務

2012 年 8 月　仕事サロン立ち上げ　年 4 回開催
2013 年 11 月　メルマガ色鉛筆（京都府視覚障害者協会発行）
　　　　　　　　を創刊、編集企画を担当
京都府視覚障害者協会　職業部・情報宣伝部
視覚障害者ネットワーク「きららの会」コーディネーター

あとがき

　今から 13 年前、私は視覚障害者の就労をテーマ
とした当事者活動を始めました。以降、仕事上の不
安や日常生活での悩みを抱える多くの方々に寄り
添ってまいりました。見えない・見えにくい状態に
なると、あちこちに困難なことが起こります。持っ
ていき場のない怒りや悔しさ、悲しみが押し寄せま
す。そんな苦しく重い心情を幾度も拝聴してきまし
た。一方、障害ゆえの困難と苦悩を抱えながらも、エ
ンジョイできる趣味を持ち、いきいきと活動されて
いる当事者にも多数出会ってきました。この、しん
どい満載の人と、しんどいけど元気な人が出会うこ
とで生まれる力がある。そうした考えの下、人と人
をつなぐ活動を続けてきました。まさにエネチャー
ジのマッチングです。活動の中で、一歩踏み出す原
動力が生まれるご縁に幾度となくご一緒させていた

だきました。「元気の出るチャンス」を、これからも未来につなげていくことが大切だと私は考えています。

　本書もまた、人と人がつながる機会の一つになるはずです。本書はずっしりと読み応えのあるボリュームです。しかしながら、執筆者お一人おひとりはご自身の体験をかなりコンパクトにまとめておられます。ここには収めきれない「濃いぃ話」をまだまだお持ちです。本書を通じて、その豊かなご経験を、さらなる出会いの中でさらに深く語っていただくご縁が生まれることを期待しています。そしてその実体験に励まされ、視覚障害と向き合いながら社会の中で生きていくすべての方が孤立することなく、それぞれの職場環境でいきいきと働き続けていけることを真に願います。

　企業の経営者及び人事担当者の方々には、本書に収められた事例や制度、相談先などを広くご活用い

ただければ何よりです。障害の有無にかかわらず、誰もが必要とされる社会の実現を目指し、ともに歩を進めていきましょう。

　2020年の夏は猛暑でした。テレワークの導入など不慣れな生活様式も重なり、いろんな意味で汗だくの厳しい夏でした。そんな中でもエンジンフル稼働で本書の執筆、編集作業を進めていたある日、突然の悲しい知らせが届きました。いつも視覚障害者に寄り添い、サポートしてくださっていた日本ライトハウス情報文化センター・サービス部長の岡田 弥さんの、まさかの訃報でした。あまねさんは2020年7月2日(木)午前7時30分頃、スクーターでの通勤途中、大阪市内で酒気帯び運転のクレーン車に巻き込まれ、救急搬送された病院で亡くなられました。あまねさんとご縁のあった誰もにとって涙の夏となりました。

　受け入れがたき別れから力強く一歩踏み出すには、

何かを成すことが必要です。私たちは今後もあまね
さんがくれたパワーを素（もと）に歩いていく、その誓約と
ともに合掌いたします。亡きあまねさんへの追悼の
念は、本書の特別寄稿の内にも収録いたしました。
　本書の発行にあたり、プロジェクトの立ち上げか
ら制作全般の指揮を執っていただいた吉川さんには、
いつも穏やかで包括的な眼差（まなざ）して進めていただきま
した。兄貴、ありがとうございました。情熱的寄り
添い編集を担当していただいた石川さん、小林さん
には、執筆者とものすごい回数のやりとりをしてい
ただきました。一人ひとりに手抜きゼロ、全身全霊
で文章のブラッシュアップに向き合っていただきま
した。パワフルなお二人さん、ありがとうございま
した。ご自身も人材バンクのメンバーであり、出版
社「読書日和」を経営されている福島さんには、装
丁・デザインなど、見えない・見えにくいならで
はのものづくりへの挑戦に協力していただきました。

製作、印刷をご担当いただき、ありがとうございま
した。
　「はじめまして」から「まいど！」へ、交わす挨
拶もゆるく柔和に、本書をきっかけに、さらに、さ
らに、皆様とのご縁がひろがっていくことを心から
祈念しています。
　「ひとりちゃうで。どんまい、さあ、よっしゃー！」

2021 年 1 月
　　　　　　　視覚障害者就労相談人材バンク
　　　　　　　　　代表　赤堀　浩敬

光を編む

　私たち働く視覚障害者の体験を、一冊の本として世に出せないか。2020 年の春、世界中に蔓延する新型コロナウイルスの影響で在宅を強いられていた私はそんな思いにとりつかれた。今でもできること、いや、今だからこそできること。働く視覚障害者のお一人、福島憲太さんが経営する出版社「読書日和」の活動を知ったことをきっかけに、その妄想は次第に膨らんでいった。

　だがこのネット社会で、しかも文字を読むことに困難を抱えている人たちに、あえて本という媒体でメッセージを発することに意味があるだろうか。はたして人材バンクの仲間から賛同を得られるだろうか。少なくとも10名の執筆者が集まらなければ、この思いを断ち切らなければならない。そう覚悟しながら、希望を込めて光の種を投じた。

私の不安とは裏腹に、岡田太丞さんの呼びかけも
あり、想定をはるかに超える三十余名の仲間から寄
稿の名乗りが上がった。しかも石川佳子さんと小林
由紀さんという文筆のエキスパートから編集・校正
への参画の申し出があった。手に取った感触、ペー
ジをめくる時の期待感。本という何ものにも代え難
い存在に、その訴求力に意味を見いだしてもらえた
ことによって、私は喜びとともに出版することの意
義に確信を持った。

　その後原稿が寄せられ、編集のお二人の執筆者に
寄り添うまさに献身的とも言える作業を見るにつけ、
私はこの当初の思いつきがなんとも大それた浅はか
なものであったと後悔もした。でもやがて、その本
を編む過程こそが、本の性格をかたどる彫刻のよう
な、大切な作業なのだと教えられることとなった。

　人は同じ悩みを持つ者の言葉に触れた時に救われ
る。これは私たちが経験してきたことだ。そしてま

た、人は人を救うことによって救われる。これは今、私たちが経験しようとしていることだ。語りつくせぬ苦悩の日々についての手記を綴り、それを編む。私たちがそのことに駆り立てられるのは、それが他者への救済でもあり、自らの救済でもあるからだ。

　今、この本に関わってくれた人たちすべてに感謝を申し上げたい。この一冊の本によって私たちのメッセージが灯台の光となり、まだ見ぬ見えない・見えにくい人たちにあまねく届くことを願って。

2021年新春　京都太秦にて

吉川典雄

参考情報

視覚障害者支援機関・当事者団体

本書に登場する、当組織を含めた主な支援機関や団体です。文章番号を付記していますのでご参照ください。

視覚障害者就労相談人材バンク（SJB）

就労に悩みを抱える視覚障害者や企業の採用担当者に対し、さまざまな業界で就労経験をもつ当事者が、業種や職種に合わせて直接相談対応を行っています。

ご相談・お問合せは HP のフォームをご利用ください。

社会福祉法人日本視覚障害者団体連合
（旧：日本盲人会連合）

全国 60 の視覚障害者団体の連合体。福祉の向上、総合的なサービスの提供を目指し、行政等への改善要求、情報発信、点字図書館の運営等を行っています。

公益社団法人 NEXT VISION

目に関するトータルな支援を行う神戸アイセンター内ビジョンパークを拠点に集いの場を提供し、曜日ごとの相談会やサロンの開催、isee! 運動等を通じて視覚障害者の社会参画や就労を支援しています。

総合福祉施設・機関（生活訓練・点字図書貸出・支援機器の紹介等、各種支援や相談窓口を担っています）

社会福祉法人日本ライトハウス（大阪府）
視覚障害リハビリテーションセンター … 06, 27, 29
情報文化センター … 03, 05, 11, 19, 28, 31

社会福祉法人京都ライトハウス・公益社団法人京都府視覚障害者協会 … 13, 17, 26, 31

社会福祉法人兵庫県視覚障害者福祉協会 … 11

一般財団法人大阪府視覚障害者福祉協会（大阪府立福祉情報コミュニケーションセンター内）… 24

一般社団法人大阪市視覚障害者福祉協会（大阪市立社会福祉センター内）… 24

視覚・聴覚障害者センター（堺市立健康福祉プラザ内）
… 24

視覚支援学校（高等部までの学校教育と、資格取得や就労を目的とした理療科等での教育を行っています）

大阪府立大阪北視覚支援学校 … 16

大阪府立大阪南視覚支援学校 … 02

就労支援・技術支援・技能訓練機関等

独立行政法人高齢・障害・求職者雇用支援機構 … 13, 24

国立吉備高原職業リハビリテーションセンター … 12
はあとふるコーナー（京都ジョブパーク内）… 13

特定非営利活動法人視覚障害者パソコンアシストネットワーク SPAN … 31

当事者団体・ネットワーク

公益社団法人日本網膜色素変性症協会（JRPS） … 7, 24
認定 NPO 法人タートル（働く視覚障害者の会） … 11, 12, 24, 29, 31
きんきビジョンサポート（KVS）（医療・福祉・リハビリの架け橋を目指す当事者会）… 16, 24, 31
HOTPOT の会（働く視覚障害者が楽しく集う会） … 11, 12, 24, 28, 31
関西 Student Library（関西 SL）（視覚障害学生と点訳サークル会員の会）… 02, 31
視覚障害者ネットワーク きららの会（関西中心の若い世代の当事者会）… 31
視覚障害をもつ医療従事者の会（ゆいまーる） … 8, 24
OAK の会（関西地区の視覚障害教員の会）… 29
視覚障害高校数学教員研修会 … 29

※ 2021 年 1 月現在の情報です。
　詳しくは各機関・団体へ直接お問い合わせください。

本書掲載以外にも、支援機関や相談窓口は全国にあります。
ぜひお住まいの近くでも探してみてください。

索引

本書ならではの
"マッチング検索"に
ご活用ください。
(数字は**文章番号**です)

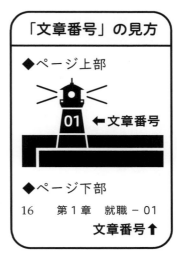

「文章番号」の見方

◆ページ上部

01 ←文章番号

◆ページ下部

16　第1章　就職 – 01

文章番号↑

【障害事由】

【障害状況】

18, 19, 21, 22, 23, 24, 25, 26, 27, 28, 29, 31
重複障害 … 08, 18

【活動・その他】

就活について
… 01, 02, 03, 04, 05, 06, 08, 09, 10, 12, 13, 14, 15, 19, 23
資格取得について
… 06, 07, 08, 09, 10, 11, 12, 14
訓練について
… 01, 02, 03, 04, 06, 11, 12, 13, 15, 17, 19, 20, 24, 26, 27, 29, 30, 31
当事者会について
… 01, 03, 07, 08, 11, 12, 16, 17, 21, 24, 26, 28, 29, 30, 31

【キーワード検索】

同じ言葉でも、事例はさまざま。
その先にきっとヒントが見つかります。

「通勤」
… 01, 04, 06, 17, 18, 20, 22, 23, 26, 30, 31
「産業医」
… 18, 24, 26, 28
「家族・夫・妻」
… 03, 05, 06, 08, 10, 11, 12, 14, 17, 21, 22, 23 , 25, 26 , 27, 29, 30
「育児・子育て」
… 04, 06, 14, 23
「同僚」
…01, 02, 05, 11, 17, 18, 19, 20, 25, 27, 29, 31

『あまねく届け！　光』発行に寄せて
（推薦の辞）

　就労は視覚障害ケアの集大成。困難さが少しでも軽減されるよう役立つことを願います。ケアのその先へ。
（神戸市立神戸アイセンター病院 医師 髙橋 政代）

　失明すれば離職するのはやむを得ないのか？本書はそうした固定観念が誤りであることを証明している。
（社会福祉法人日本視覚障害者団体連合 会長 竹下 義樹）

　視覚障害になっても困難にぶつかっても、働き続けた人たちの豊かな人生がここに詰まっている。宝になる一冊。
（社会福祉法人日本ライトハウス視覚障害リハビリテーションセンター 職業訓練部運営責任者 津田 諭）

　拡大読書器・パソコンの音声ソフト・日本ライトハウス・京都ライトハウス・同僚の協力に注目です。
（国立研究開発法人理化学研究所生命機能科学研究センター網膜再生医療研究開発プロジェクト 上級研究員 仲泊 聡）

　NEXT VISION は視覚障害者の働き方改革に努めており、大変な感動をもって本書を読了しました。
（公益社団法人 NEXT VISION 代表理事 三宅 養三）

あまねく届け！　光
～見えない・見えにくいあなたに贈る 31 のメッセージ～

2021 年 2 月 15 日　第 1 版第 1 刷発行
2021 年 3 月 18 日（点字ブロックの日）　第 2 版第 1 刷発行
2023 年 3 月 9 日　第 2 版第 2 刷発行

著　　者：視覚障害者就労相談人材バンク有志
編　　者：吉川典雄・石川佳子・小林由紀・岡田太丞
発行者：福島憲太（弱視　視覚障害 4 級）
定　　価：2,500 円（税込　2,750 円）

発行所：読書日和
住　　所：〒 433 - 8114 静岡県浜松市中区葵東 2 丁目 3 - 20
　　　　　リバティ葵東壱番館 208 号室
電　　話：053 - 543 - 9815

本文デザイン：小林由紀（弱視　視覚障害 2 級）
表紙・DTP　：余白制作室（亜久津歩）
※本書の文字は原則としてユニバーサルデザインフォントを使用しています。

印刷・製本：ちょ古っ都製本工房

ISBN 978-4-9910321-3-4　C0036 ￥2500E

本書のテキストデータ引換について

視覚障害その他の理由で必要とされる方からお申し出がありましたら、メールで本書のテキストデータを提供します。なお、個人使用目的以外の利用および営利目的の利用はお控えください。ご希望の方は、裏面左下のテキストデータ引換券（コピー不可）に

■お名前
■送付先メールアドレス
　　（添付ファイルの受信が可能なもの）

を明記のうえ、下記の宛先までお申し込みください。

〒 433-8114
静岡県浜松市中区葵東 2 丁目 3-20　208 号
読書日和『あまねく届け！　光』テキストデータ係
〈電話〉053-543-9815
〈メール〉dam7630@yahoo.co.jp

※テキストデータ引換券の上部は弊社宛先ラベルとなっておりますので、よろしければ切り取ってお使いください。

※なお、弊社に直接注文いただいた方・読書日和アマゾン店からお買い求めいただいた方は、購入いただいたことの確認ができますので、引換券の郵送は必要ありません。弊社まで、テキストデータの送付を希望されるアドレスをお知らせください。

ご不明な点、本書のご感想も、こちらのアドレスにどうぞ。

出版社・読書日和（担当：福島）

433 - 8114

静岡県浜松市中区葵東二丁目
三−二〇　二〇八号
読書日和『あまねく届け！　光』
テキストデータ係

✂ キリトリ線

宛名ラベル

テキストデータ引換券

『あまねく届け！　光』の
テキストデータを希望します。

■お名前

_____

■メールアドレス

　　　　　　　　　@

_____

_____

テキスト
データ
引換券